叢書刊行の辞

二一世紀も一〇年を過ぎた今日、わたくしたちは、如何なる文明の萌芽を見出しているのか。新たな文明を構築せんとしているが、依然として混迷の時代に生きている、これが実感ではなかろうか。過ぎ去りし二〇世紀は、貧困からの解放と物質文明の時代であった。この文明に大きく寄与したのは企業であり、その世紀は物質経済を中心とした企業文明でもある。その企業経営を主な研究対象として成立した経営学は、まさに二〇世紀の学問である。

は現実の経営の世界とともに生き、歴史を刻んできた。これまでの経営が、時代の流れに沿ある時には時代の流れに立ち向かってきたように、経営学もまた、時々の経営と相携えながる時には、時代を生み出す経営の理論化を試み、またある時には、現実の経営の批判を通し問いかけを行ってきた。

に経営学は、その成立以来、現実の経営の世界からの要請に応えるような形で展開し、そ解決に向けて関連する諸分野の知見を統合する学問として時代に応えてきた。日本においてドイツに、肉をアメリカに」求めた経営学研究であったが、社会科学を標榜しつつも、基本的には現実の経営の世界からの実践的要請に応え、現実の経営とともに物質文明への貢献をなしてきた。そして、物質の豊かさを謳歌さえすればよかった時代が過ぎた今、わたくしたちには、物質文明の負の遺産を背負いつつ持続可能な社会を実現しうる、二一世紀の新たな文明の構築が求められている。それは同時に、二〇世紀とともに生きてきた経営学の存在を問い直さねばならないということを意味している。

経営学の存在を問い直すこと、それは、これまでの現実の経営がその時代の中で生かされてきた「生活世界」——これは、科学の根源的基盤でもある——に眼差しを向けて経営の存在を問い、そこに経営学を基礎づけ、その歴史を顧みることである。歴史は過ぎ去ってはいるが、今ここに、経営学の現在の基礎として存在する。そして未来も現在のうちにあり、創造しうる未来は関連する過去を契機とするものに他ならない。それゆえに、今ここにあるわたくしたちは、二一世紀という未来への契機となすために経営学の歴史を紐解くことが要請されよう。

このような時機に、二〇一三年に創立二〇周年を迎える経営学史学会は、その記念事業として全一四巻の『経営学史叢書』を刊行することとなった。この『叢書』では、経営学の百有余年の歴史の中で批判を受けながらも今日なお多大な意義を有し、かつ「二一世紀の来たりつつある文明の諸相と本質を見通しうる視野を切り拓く」学説・理論を取り上げる。

各巻の基本的内容は、次の通りである。

（一）　学者の個人史を、時代的背景とともに明らかにする。

（二）学説の紹介には、①学者の問題意識と研究課題、及び対象への接近方法、②学説を支える思想、また隣接諸科学や実践との関連性、③学説の歴史的意義と批判的評価、を盛込む。

（三）学説のその後の展開を示し、二一世紀の課題に対する現代的意義を明らかにする。

『叢書』は、初学者を対象としているが、取り上げる学者の思想に基づく〝深み〟と、実践的広がりに基づく〝豊かさ〟を実現、研究者にも注目される水準を維持することを目指している。

各巻の責任編集者には、学会の叡智を結集する執筆者を選定し、『叢書』刊行の趣旨の理解とその意図を実現する、という多大な要求をすることになった。本書が経営学史学会に相応しい『叢書』であるならば、それは偏に責任編集者の貢献によるものである。

叢書編集委員会は、単に企画するだけではなく、各巻に「担当者」として委員を配置し、責任編集者と連絡を取り、巻の編集の開始から進捗状況の把握、刊行に至る過程全体に責任を持つという体制をとった。とくに河野大機編集委員長には、叢書全体の調整に腐心をいただいた。その尽力に深く感謝申し上げたい。また、前野　弘氏、前野　隆氏、前野眞司氏はじめ株式会社文眞堂の方々には刊行の全てに亘ってお世話になった。ここに感謝申し上げる次第である。

ますます混迷を深める二一世紀に向けた新たな文明の構築に、この『経営学史叢書』がわずかでも貢献することができれば望外の喜びである。

二〇一一年一一月二〇日

編集統括責任者　吉原　正彦

二〇一三年一月二八日、本叢書の編集委員長・河野大機氏が急逝された。河野氏は、その細やかなお人柄に相応しく、叢書の企画段階から、一巻一巻の刊行に至るまで、深いお心遣いをされ、全一四巻が刊行される最後の第四回配本を、誰よりも待ち望んでいた。ここに心より哀悼の意を捧げる。

『経営学史叢書』編集委員会

編集統括責任者
吉原　正彦（青森公立大学　経営学史学会前副理事長）

編集委員長
河野　大機（東洋大学　経営学史学会元理事）

編集委員（五〇音順）
小笠原英司（明治大学　経営学史学会理事長）
岸田　民樹（名古屋大学　経営学史学会理事）
辻村　宏和（中部大学　経営学史学会前理事）
福永文美夫（久留米大学　経営学史学会理事）
藤井　一弘（青森公立大学　経営学史学会理事　編集副委員長）
藤沼　司（青森公立大学　経営学史学会幹事）
三井　泉（日本大学　経営学史学会前理事　編集副委員長）

肩書は二〇一一年一一月二〇日現在

経営学史学会創立20周年記念

経営学史叢書 Ⅴ

バーリ＝ミーンズ

Adolf Augustus Berle, Jr./Gardiner Coit Means

経営学史学会監修

三戸　浩［編著］

文眞堂

アドルフ・A.バーリ（1895-1971）

ガーディナー・C.ミーンズ（1896-1988）

写真提供

バーリ：正木久司・角野信夫『経営学―人と学説―バーリ』（同文舘出版、一九八九年）より転載。

ミーンズ：A・A・バーリー＝G・C・ミーンズ／北島忠男訳『近代株式会社と私有財産』第三版（文雅堂銀行研究社、一九六四年）より転載。

まえがき

経営学史はなぜ研究され、学ばれるのであろうか。経営学に限らず理論とは、その時代、その社会・領域において解決を求められたり関心が持たれた問題・事象に関する答えに他なるまい。経営学史は、二〇世紀初頭に急速に台頭し、社会を大きく変革させた大企業の出現により誕生した経営学が解決を図った企業・経営が直面した諸問題の解答集であると捉えることができるであろう。

本著が対象としたアドルフ・A・バーリ（Adolf Augustus Berle, Jr., 1895–1971）とガーディナー・C・ミーンズ（Gardiner Coit Means, 1896–1988）は『近代株式会社と私有財産』（*The Modern Corporation and Private Property*, 1932）という五〇〇頁を超える大著の著者であり、この著書はその後一世紀近くに及ぶ大企業の所有と支配論・会社支配論からコーポレート・ガバナンスへとつながる「会社は誰のものか」というテーマの原点というべき歴史的・記念碑的著作である。この大著が世に出てからおよそ八〇年の歳月が経つにもかかわらず、今なお取り上げられる理由は、この著書で問題とされたこと、即ち近代株式会社（大規模）化がもたらした諸問題は二一世紀の現代大企業においてもコーポレート・ガバナンス問題を中心とする大企業の経済権力の統御問題として、なお極めて重要であり続け解決を求められているからである。彼らはなぜこれほどの大著を書いたのか。一体なにを問題とし、言わんとしたのであろうか。そして、八〇年も前の社会を分析したものを現代において、なお読み理解する必要はどこにあるのかを明らかにすることが本著の目指すところである。

本著の価値は、主著『近代株式会社と私有財産』の全体をとらえることで、コーポレート・ガバナンス論の原点としてまた企業と社会論の基本的台座として「株式会社革命」論に立つべきであることを明らかにし、そして主著その後の展開・系譜をたどることで、彼らが問題とし主張しようとしたことを全体的・総体的に理解してもらえるようにしたことである。そのため「四四％の企業が経営者支配となっている」という有名な調査結果の意味も「株式会社革命論」の観点から解き明かされている。（頁数に限りもあり、調査結果の紹介は最小限となってしまった。後で紹介する正木・角野の好著などを参照されたい）。本著には新たな主張が二点ある。ひとつは、「経営者支配」というあまりにも有名な概念を明確化したことである。有名な「経営者支配（経営者革命）」は「株式会社革命」によるものであり、その「株式会社革命」はただ企業（株式会社）が変容しただけを意味するのではなく、社会と財産の変容も同時に生じていることを理解してもらうことを第一に第一章以下まとめられている。もう一つは、「新しい」発見、主張である。これまでバーリ＝ミーンズと言われ、『近代株式会社と私有財産』が彼ら二人の著作であるにもかかわらず、多くの研究者は「経営者支配論」をバーリの議論と思い込んできたのではないだろうか。正木久司・角野信夫『経営学―人と学説―バーリ』も、「会社支配論の祖」としてバーリを取り上げたものであり、ミーンズは「協力者」という理解・

扱いであった。それは、バーリ―ドット論争（一九三一年）やバーリの『二十世紀資本主義革命』（一九五四年）以下四冊の会社支配論、経営者支配論に関する著作の存在にばかり目が奪われたからではなかったか。確かにバーリは「経営者支配の正当性」問題を問い続け、われわれに示唆を与え続けてくれた。だが、「経営者支配」を「株式会社革命」の結果であるという主著の議論はミーンズに依るものであったことをわれわれは長らく気づかなかった。本著第二章は「ミーンズと『近代株式会社と私有財産』」となっているように、主著とミーンズの関係に新しい光を与えてくれ、われわれの蒙を啓いてくれるものとなっている。（ミーンズにスポットを当てた代償と言ってはなんだが、一般的な観点からすればバーリに関しては詳しい叙述となっていない。これは買い求めやすさと読みやすさを考えて頁数を抑えてあるせいであるが、今一つの理由としては、バーリおよびバーリと『近代株式会社と私有財産』に関しては、すでに正木久司と角野信夫の優れた業績が出ているからでもある。是非本著と併せて読んでいただきたい）。

初学者も対象にするという本叢書のねらいにできるだけ応えようとしたが、やはり研究者も対象とするため限界があった。だが目次を、まず序章と第一章で、バーリ＝ミーンズを学ぶ意義と主著の概要および問題意識を概観し、著者の解説により主著の背景を浮き上がらせ（第二章）、そして、その後主著がどのように受け入れられ、どのように継承・発展してきたかを日米における学説の展開で見ていき（第三章、第四章、第五章）、最後に二一世紀の課題解明に対するバーリ＝ミーンズの現代的意義を確認する（第六章）と構成したことにより、コーポレート・ガバナンス論、そして「企業と社会論」の原点と言えるであろう『近代株式会社と私有財産』とその意味と意義、影響をトータルに理解してもらえるようになったのではないだろうか。

本著に取り掛かるにあたってまず念頭に上がったのは、正木久司・角野信夫『経営学―人と学説―バーリ』同文舘出版、一九八九年であった。この著作は、本著と似たねらい・性格を持つものであり、バーリ（とミーンズ）研究において貴重な必読文献であり、この著作をどう引継ぎ、どう差別化するかを考えざるを得なかった。この著作の発展的作品を心がけて、正木先生の弟子である今西宏次や正木先生・角野先生の著作で何箇所でも触れられる論文を書いた勝部伸夫、正木先生の師である三戸公教授の会社支配論を学んだ池内秀己、三戸浩、三戸浩のもとで学んだ佐々木真光、そして正木先生や三戸門下とは直接の関わりこそないが、経営学史の著作を持つ福永文美夫にも入ってもらって取り組んだ。その結果として有意義な議論もできていると自負できるものとはなったが、編集責任者の力不足により全体の調整を十二分にできなかったことで執筆を担当していただいた方々のお力・ご努力を十分に活かせなかったことが悔やまれる。また原稿が出揃うまでに時間がかかったことなどは編集委員長や編集委員の福永氏、そして文眞堂さんにご心配、ご迷惑をおかけしたことをお詫びしたい。

最後に、本叢書の編集委員長である河野大機先生が本年一月にご逝去なされたが、先生のお元気なうちに本著を完成させることができなかったのは、本当に申し訳ないことであった。先生にできあがったものを手にとっていただけないのは残念でならない。

（三戸　浩）

目次

序章　バーリ＝ミーンズの意味・意義
――なぜバーリ＝ミーンズを学ぶのか？――

第一節　はじめに

A・A・バーリとG・C・ミーンズが著した五〇〇頁を超す大著『近代株式会社と私有財産』（*The Modern Corporation and Private Property*）は次の文章で始まる。「思えばこの本は、アメリカの企業制度が転換期にあったときに書かれたものであった[1]」。その「転換期」とは、「（この時期に、）巨大な株式会社の重要性が喚起され、こうした株式会社は、数万人の労働者、数億ドルの資本、数十万人の所有者、数百万人の消費者を擁し、また、生産手段に対する支配は、ある構成集団の支配にのみ従属している自己永存帯に握られていたのである[2]。」時期である。それは、現代の豊かな社会をもたらした（現代）資本主義社会、大企業社会の成立期であった。また、その（現代）資本主義社会、大企業社会に翳りが見えてきた現代も「転換期」というべきであろう。

バーリ＝ミーンズ『近代株式会社と私有財産』は半世紀以上も前に出版されたものであるが、今あらためて読まれるべき、いや読み直されるべき著作ではあるまいか。この大著が提起した問題・概念の重要性、そしてその後に与えた影響は極めて大きい。そして、そこで述べられた問題、主張の範囲の大きさの故に、到底十分に理解されているとは言えないからである。この大著が提示した問題は、企業のレベル・領域にとどまらず、広く社会（体制）のレベル・領域まで及んでおり、ここでなされた指摘・議論は、その後多くの研究・議論に受け継がれている。そして、現代社会において関心が持たれたり、議論されている経済や企業に関する多くの重要な問題は、この大著で論じられているのである。

第二節　『近代株式会社と私有財産』で取り扱われている領域・問題

以下、『近代株式会社と私有財産』（以下、本著）で取り扱われている領域・問題を列挙・概観してみよう。

一　資本主義論

「ベルリンの壁の崩壊」に象徴される、社会主義に勝利した資本主義は、九〇年代以降「米英型資本主義 vs 独日型資本主義」というように幾つもの「資本主義の型」に分けられ、その特性を「効率性」を中心に議論された。だが、その資本主義は二一世紀になると、リーマン・ショックやヨーロッパ経済危機に見られるように「翳り、限界」が見えてきてはいないだろうか。また、「資本主義の勝利」はわれわれに「(自然)環境問題」と「資源問題」をも突きつけた。だが大企業による産業社会化こそが二〇世紀を特徴づけた世界大戦と豊かな社会(大量消費社会)を可能にしたのであり、前者はともかく後者の豊かな社会を簡単に否定・断念することはできないであろう。

豊かで自由な社会を実現する手段・方法として二つのやりかたがあった。一つが資本主義であり、もう一つが社会主義である。戦争と搾取の資本主義に代わって平和で自由・平等な社会主義という考えにもはやほとんどの人は信じないであろう。だが、ではなぜ「資本主義から社会主義へ」ではなく、逆に「社会主義から資本主義へ」と歴史は動いたのであろうか。その理由は通説では、市場経済の(計画経済に対する)勝利であるとされているが、はたしてその理由だけであろうか。

資本主義は一九世紀からあったが、その社会は決して賛同・承認されていたわけではないのは社会主義思想・運動が生まれ、そして社会主義革命により社会主義国家が生まれたことで明らかであろう。だが、「悪しき資本主義」の勝利は市場経済(市場による資源の効率的配分)によるだけでは一部のもの(資本家)だけが自由で豊かな生活ができるだけであり、多くの貧しく搾取された労働者たちが取り残され、予言通り社会主義国家に代わったのではないだろうか。大企業が生み出した富をどう配分するか。利潤を株主(だけ)のものとはせずに、労働者に獲得した富を配分することで、彼らを消費者として育て「大量消費社会、大衆消費社会」を形成したからこそ生産性・効率性が上昇したのであり、人々は仮に「平等」であったとしても「貧しい」社会主義を望まずに「自由で豊かな」資本主義を選択したのではあるまいか。（この他にも、所得税・累進税率に代表されるような所得の再分配があったことは疑いがないが。）

本著における指摘「株式会社の変容・経営者支配の成立」と「大企業への富・権力の集中」は、まさに「資本主義の未来」と「環境問題・資源問題」であり、この二つの問題を考える上での「原点」として読まれていいのではなかろうか。本著で提示された「集産的資本主義 collective capitalism、大企業体制」という概念は、その後のガルブレイスやドラッカーなどの議論につながり、そして現在に至っているのである。

二　コーポレート・ガバナンス論

一九八〇年代になると、（米国）企業業績の悪化や企業・経営者の不祥事の頻出、M&Aの流行や機関投資家の台頭などをきっかけに経営者・企業権力のチェック&コントロールが要請されるようになり、その流れはひとりアメリカに留まらずヨーロッパ・日本にもおよび、コーポレート・ガバナンス論（企業統治論）に大きな注目・関心が集まるようになった。

本著は、まず何よりもこのコーポレート・ガバナンス論・大企業の所有と支配論として読まれてきたのであった。本著が注目され、数多くの議論を引き起こしたのは何よりも、「経営者支配論：現代大企業はもはや（大）株主＝会社所有者によって支配されているのではなく、所有者ならざる（専門）経営者によって支配されている」、というあまりにも衝撃的な主張を、アメリカ大企業二百社の実証調査に基づいて行われたからにほかなるまい。この結論の当否を巡って、その後、「大企業の所有と支配論」としていくつもの調査研究や著書が出されてきたのである。その議論は、六〇年代から八〇年代において学会においても大きな注目を集め、いくつもの論争も行われた。その時に本著はいつも議論の大前提として取り上げられた。本著が提起した「経営者支配」は現実に生じているのかどうか、なぜ生じたのか、どう理解・評価すべきかを巡って論議されてきたのである。そしてここ二〇年注目・関心を集めるコーポレート・ガバナンス論において、「経営者支配論の原点」として読まれ議論されているのである。

三　株式会社論

最近のコーポレート・ガバナンス論は、英米型か独日型か、委員会設置型か取締役型か監査役制度型か、外部取締役をどうするか等々、会社制度に関心が集まり、制度設計・制度運用を中心に議論されている感がある。本著においても第二編において会社制度についての議論がなされている。

四　経営者論

大企業に巨大な富・経済権力が集中しており、その会社権力を経営者が握っているとするなら、経営者（権力）に関する分析は不可欠であろう。シュンペーター、ガルブレイス、チャンドラー、ドラッカーなどの諸研究はコーポレート・ガバナンス論としてはほとんど読まれていないようだが、バーリ＝ミーンズの議論はその経営者権力に対して深い洞察をわれわれに示してくれている。

五　証券市場論

近年、インサイダー取引で逮捕される経営者や証券会社社員のニュースを聞くようになった。インサイダー取引がなぜ禁止されるのか。バーリ＝ミーンズが本著で主張した「株式会社革命論」における重要な指摘の一つは「大株主たちは（財産の）流動性と引き換えに会社（財産）の支配力を手放した」というものである。もしこの指摘が正しいとするなら、会社情報の公開性・透明性・公正性は最重要となるのは当然である。近年、ＩＲに関心を集まり、各企業も重要視するのも、（会社）支配力を失う代償を支払って獲得した流動性の根幹に関わるのであるなら当然すぎるほど当然であろう。

六　企業の社会的責任論（ＣＳＲ）

アメリカや日本のみならず中国でもいまや大企業においてはＣＳＲレポート（サステナビリティ・レポート）を出すことは当然のことのようになり、ｗｅｂに自社のホームページを載せている企業ならＣＳＲについて触れることは当たり前のようになってきている。本著では、そういう言葉こそ使っていないが、この企業の社会的責任（ＣＳＲ）につながる議論がなされているのである。

本著において、「所有者支配から経営者支配へ」という現象に伴う「支配の正当性（新しい支配者、経営者は正当な支配者か)」について検討されている。最終章「株式会社の新概念」において、「会社は誰のために経営されるべきか」という問に対して、これまでどおり所有者・株主のためにか、それとも新しい支配者経営者のためにかと問い、「人道的な産業問題の解決策として利潤の一部分をふり向けること」を提示している。[3] これはまさに「企業の社会的責任論」にほかならないであろう。

七　ステーク・ホルダー論

コーポレート・ガバナンス論や企業の社会的責任論にとどまらず、戦略論など広く経営学・企業実務において急速に普及してきたのがステーク・ホルダー(論)である。

本著最終章「株式会社の新概念」は、企業の社会的責任論のみならず、近年常識ともなったと言えるであろうステーク・ホルダー論にもつながっていよう。「大会社の『支配』は、会社の種々な集団の多様な請求権を平準化しながら、その各々に、私的貪欲よりもむしろ公的政策の立場から、所得の流れの一部分を割り当てる純粋に中立的な技術体に発達すべきである」[4]。ここで言われている「会社の種々な集団」とは、われわれが現在理解しているステークホルダー stake holder とは完全に一致しないであろうが(例えば、地域住民やマスコミなどは想定されてはいないだろう)、「多様な請求権」を持つ種々な集団とはステークホルダー以外の何ものでもあるまい。

本著は二〇世紀前半に出された書物でありながら、コーポレート・ガバナンス論にとどまらず、企業の社会的責任論やステーク・ホルダー論にまで及ぶまさに企業と社会論 Business & Society の原典ともいうことができるであろう。だが、本著は企業と社会論の原典的テキストとして十分な理解もされず、その観点から読まれもしてこなかった。ただ「大規模化（株式の分散）による所有と支配の分離、経営者支配」論としてのみ読まれ、理解され、議論されてきたと言っても過言ではあるまい。

大企業による大量生産・大量消費を基盤として無限に発展していこうとする現代資本主義と、市場環境以外に社会環境や自然環境にも適応することが期待・要請されるようになった現代企業のあり方が問われるに至っている現在、コーポレート・ガバナンス論は、単なる（株主利益のための）経営者のチェック&コントロールの問題だけにとどまるまい。バーリ=ミーンズが提起した問題は、株式会社制度の設計論・運用論を超えて、株式会社論、経営者論、経営目的論・経営理念論を中核に、背景にある証券市場や資本主義・大企業体制までを視野に入れ、全体的・総合的把握の上で分析し、大企業の経済権力と経営者権力について議論しているのである。彼らが提示した個々の問題・理解には賛否はあっても、彼らの観点や視野、問題意識などを十分に検討・理解をわれわれはする必要があるのではないか。資本主義と株式会社のあり様に迫った本著は今改めて読み直されるべき著作であろう。

（三戸　浩）

注

（1）Berle Jr., A. A. and G. C. Means, *The Modern Corporation and Private Property*, New York, The Macmillan Company, 1932.（北島忠男訳『近代株式会社と私有財産』（現代経済学名著選集Ⅴ）文雅堂銀行研究社、一九五八年、一頁。）

（2）同上訳書「日本語版への序文」一頁。

（3）同上訳書、四四八－四五〇頁。

（4）同上訳書、四五〇頁。

第一章　『近代株式会社と私有財産』の概要と問題意識

第一節　はじめに

「経営者支配」、「所有と支配の分離」という言葉は経営学の世界においてはほぼ常識中の常識となっていると言っても過言ではあるまい。またどの経営学の教科書や事典を開いて見ても必ずと言ってよいほど載っている概念であろう。その基本的概念を提示し、重要性を世に喚起したのはバーリ＝ミーンズ『近代株式会社と私有財産』一九三二年であった。本著の扱う問題と議論は、経営学にとどまらず経済学や法学においても極めて重要であると言えよう。だが、本著は四編二二章、五〇〇頁を超える大著であり、その内容は社会（資本主義社会）、企業（株式会社）、株主、経営者、そして証券市場などという広範な領域にわたって論じられているため、その全体像を把握し、彼らの議論を十分に理解するのは簡単ではなかろう。おそらくその為ではないだろうか、「経営者支配」という重要な概念自体が十分には理解されていないのである。

経営者支配は、企業規模の大規模化＝発行株式数の増大が株式所有の広範な分散をもたらした結果、会社所有者（株主）は支配力を失い、代わって経営者が支配力を持つようになったという理解が通説、常識となっている。それ故に、近年のコーポレート・ガバナンス論において、経営者が（正当な支配者たる）株主の権利を盗奪している、即ち「非正当な権力（者）」なのである、という理解・議論がまかり通っているのである。コーポレート・ガバナンスの文献にあたってみると、法学関係では「株主主権論」がまったく当然中の当然として前提とされているようであるし、経済学の世界では、いわゆる「エージェンシー理論」、経営者は株主の「代理人」であり、株主の利益のために経営者が努めるのは当然とされているようである。

バーリ＝ミーンズの「影響」の大きさ・広さは本書の第三章以下を読めば十分にわかってもらえようが、その「巨大さ、重要さ」に比して、彼らが本著で展開している議論が十分に理解されていないのは、先に述べたようにこの著書が大著であり、その議論が極めて広範にわたっているからであろう。よって、本章においてまず「大企業の所有と支配論」「会社支配論」「コーポレート・ガバナンス論」などの基礎となった本著『近代株式会社と私有財産』の概要を述べよう。

第二節　『近代株式会社と私有財産』における問題意識

大企業における所有と支配論・会社支配論は、本著作を出発点として数十年にもわたって活発に議論されてきたし、コーポレート・ガバナンス論においてもその嚆矢としての地位を獲得している。では、これほどに評価され、現在でも読まれ続けている『近代株式会社と私有財産』とはいったい何を問題として書かれたものなのであろうか。

「序文」において、「（株式会社という）この財務機構は急速に発展しており、われわれの私有財産制度での革命の陣痛を示唆し、また、少なくとも、産業経済の諸目的のために適応した場合において、特に然りであった。……アメリカの産業財産は、株式会社という手段方法によって、一つのじょうごに流し込まれ、そのなかでは、産業の所有者は、新しく出て来た一連の巨大な産業の少数支配の裡にまき込まれて、消滅してしまったという結論に達していた。……この発展は、利益と共に危険をも伴うと考えられたのである」[1]と、この研究における問題意識を明らかにしている。

株式会社制度の発展は、私有財産という制度における「革命」をもたらした。その「革命」の結果、「所有者」なる存在は消滅し、企業における財産は少数の支配者集団の手によって握られるようになった。それは、利益と共に危険を伴うという認識がバーリ＝ミーンズにはあったのである。

では、この「革命」とはいかなるものなのであろうか。「革命なるものが、非常に進展するまでは認識されないということは、より静かなる革命の本質である。このことは、いわゆる『産業革命』の場合であったし、また、現にわれわれが歩んでいる株式会社革命の場合である。我国の産業用富のおよそ三分の二が、個人の所有から、大規模な、大衆によって融資された株式会社の所有へと移行したことは、財産所有者の生活、労働者の生活、それに、財産保有の方法、などを烈しく変化させた。こうした過程の結果たる、支配からの所有の絶縁は、殆ど必然的に、社会経済組織の新しい様式を持ち込んだのである(2)」。即ち「革命」とは「株式会社革命」であり、株式会社制度の発展は社会における株式会社制度の位置・役割を変化させ、それが引き起こした、財産、所有者、労働者、消費者などのさまざまな領域における諸変革を「株式会社革命」と呼んでいるのである。

「日本版への序文」において、この「株式会社革命」の意味について「(アメリカ経済は)もはや、十九世紀での『私的』"Private"資本主義の制度ではない。また、それは、もはや、社会主義企業の制度でもない。……これは、或る新しいものであって、『集産的資本主義』"collective capitalism"の制度と呼んでもよいであろう(3)」と論じている。アダム・スミスが描いたような自由放任の一九世紀的、「私的」資本主義でもなく、マルクスが描いたような富める資本家と貧しき労働者の階級闘争により崩壊していく資本主義というのももはや当てはまらないような、アメリカ独自の新しい経済体制が誕生したことを宣言しているのである。

「株式会社革命」は、株主のみならず労働者、消費者などさまざまな領域における変革をもたらしたが、本著においては株式会社制度と財産の関係に限定して論じているというのである(4)。

そして、株式会社制度が引き起こした問題を最後に一つ付け加えられているのである。即ち、「このような諸問題が考察されていく場合に、なお、会社が国家に対して最終的に示すと思われる相互関係の問題が残されるであろう。—即ち、会社は国家を支配するものか、或いは、会社は国家によって統御されるものか、はたまた、この両者は比較的軽微の関係のみで以て共存するものであろうかどうかという問題がそれである。いい換えれば、社会の政治組織と、社会の経済組織との間に於ては、果して、どちらが支配的な形態であるか、ということである。これは、将来長い間に亘って、未解決のまま残されねばならない問題である。(5)」というのがそれである。株式会社制度が国家と比肩すべきまでに発展してきたという事実こそが彼らの研究の根底にあるのであり、ここで指摘された問題は現在においてすら未解決の問題である。日本においても、もはや日本という国籍を離れてグローバルに展開する日本企業の要求によって税制や法制度が改正されたり、中国マーケットを狙う企業のトップによって日本国の総理大臣が靖国神社参拝中止を求められたりされている。これなどは、まさに国家と巨大株式会社のどちらが社会において支配的な地位にあるのかをめぐる問題であるといえよう。

以上の『近代株式会社と私有財産』における問題意識とテーマは、

(Ⅰ)問題意識：資本主義＝「私的」資本主義でもない、社会主義でもない、アメリカ独自に発展したある新しい経済体制が現実に現れており、それを研究する必要性があること。

(ⅰ)数万人の労働者、数億ドルの資本、数十万人の所有者、数百万人の消費者を擁する巨大な株式会社が発展してきたこと。

(ⅱ)集中された富の支配が少数の支配者集団によって握られていること。

(ⅲ)巨大な株式会社が、財産、労働者、消費者に対してもつ影響。

(ⅳ)社会において、国家という政治組織と株式会社という経済組織のどちらが支配的形態となるのか。

（Ⅱ）テーマ：株式会社制度が財産に対してもつ関係を解きほぐすべく意図されたもの。

というようにまとめることができる。

第三節　『近代株式会社と私有財産』第一編　財産の変革

――「所有」から「支配」へ――

「第一編　財産の変革」で論じられていることは、株式会社制度の発展―これは単に大規模化という意味ではない。この中身と意味こそが「第二編　諸権利の再編成」で論じられていることである―によって「財産の変革」が起こり、それは「私有財産」の解体をもたらしたということである。これによって、巨大な経済権力たる会社権力と、それを支配する支配権力が誕生した。この第一編こそがこれまでもっとも読まれてきた箇所であり、特に統計的研究は決まって引用されるものである。

第一編第五章「支配の発達」にあるアメリカ非金融二〇〇社の支配状況の分析表こそこの大著を有名にしたものである。

この表の経営者支配四四％という衝撃的数値こそが議論のスタートであったと言えよう（「富の割合（企業規模）」をも加味すれば、その数値は五八％にまで上がる）。「株式所有によらない支配」は認められるかどうか、調査手法の妥当性や結果の解釈などをめぐってさまざまな論争が巻き起こり、その後幾つもの調査がアメリカのみならずわが国でも行われたのであった（本著第五章参照）。この

図表 1-1　アメリカ非金融会社上位二〇〇社の支配形態（一九二九年）(6)

究極的支配形態		会社数構成比	富の割合
個人所有	（持株比率 80％～）	6％	4％
過半数持株支配	（持株比率 50％～）	5％	2％
少数持株支配	（持株比率 20％～）	23％	14％
法的律手段方法による支配		21％	22％
経営者支配	（持株比率～ 20％）	44％	58％
管財人管理		1％	－

出所：同書，117 頁(6)。

調査結果（経営者支配四四％）は、第四章「株式所有権の分散」に続いて述べられていたが故であろう。「広範な株式分散による」という解釈が通説となった。

一般的に、この第一編における議論は【株式会社の大規模化→株式分散→経営者支配】というテーゼを論じたものとして理解されている。しかし、第一編で扱われた問題、明らかにされたことはさらに豊かなものであり、われわれはいまだ第一編の真価を知らないというべきであろう。なぜ第一編を理解するのに困難かというと、第一編の議論の出発点は「財産の変革」論なのであるが、実は何が「財産の変革」をもたらしたのかという論理的出発点が論じられているのは「第二編　諸権利の再編成」にあるためである。したがって、私有財産の解体たる「財産の変革」をもたらしたのは株式分散であるという誤った理解につながりやすくなってしまうのである。

それでは、「第一編　財産の変革」とは何を論じ、何を明らかにしたのか。あらためてみていくこととしよう。

一　財産の変革―「私有財産」の解体―

「第一編　財産の変革」における議論は、次の一文に集約されているといえよう。即ち、「〔株式会社制度の発展という〕この新局面では、株式会社は一つの手段となる。つまり、株式会社という手段によって、無数の個人の富が集中されて巨富となり、また、この手段によって、この富に対する支配が統一された指揮のもとにおかれる。かかる集中を助長する力は、産業界の統治者を生み出したが、社会での彼らの地位は、今もなおはっきりしていない。投資家達による、富に対する支配の明渡しは、旧来の財産関係を事実上破壊した。そして、これらの諸関係を新たに明確にすべき問題を起した。みずからの富を危険にさらしている人以外の人によって、産業の指揮がなされることは、その指揮の背後にある推進力の問題、および、事業経営から生ずる利益の効率的配分の問題を生ぜしめた(7)」ということである。

私有財産なる概念は、物的諸資産、それに対する支配、その使用から生ずるあらゆる成果を受け取る権利を内包したものであり、それには自由の基礎としての精神的価値が付随していた。だからこそ財産の拡大とは所有者たる個人の人格的拡大をも同時に意味したのである。「財産の変革」は、私有財産を「名目上の所有権と、以前はそれに帰属していた権力とに分離した(8)」。私有財産は、消極的財産―この用語は「第四編　企業の改組」まで出てこないのではあるが―である株式証券と、工場設備といった物的諸資産である積極的財産とに分離されたのである。消極的財産は株主によって担われ、積極的財産に対する支配は新たに登場した「支配者」によって担われるようになった。株式会社制度とは、「財産の変革」を原理的に組み込んでいる制度なのであり、それが株式会社制度をそれまでの会社形態と決定的に区別されねばならないようにした。この「財産の変革」によって、これまで三世紀の長きにわたって経済秩序の中心であった「私有財産」という制度は、ここに崩壊をみたのである。それがもたらした巨大な影響が、これ以降に論述されていくことになる。

二　経済力の集中と「所有権からの支配の分離」の進展

「財産の変革」なくして、巨大な経済力の集中はあり得なかった。なぜならば、私有財産においては、財産は個人の自由の基礎であり、人格的拡大を意味する以上、富を個人の範囲を超えて集積しようという推進力は働き得ないからである。この巨大な経済力の集中は、まさに私有財産の解体—「財産の変革」—によってなされた。驚くべきことに、一九三〇年時点の調査においてすら、非銀行会社の最大二〇〇社における会社の総資産額は、アメリカにおける国富の約二二％、全事業用富の三八％、全会社財産のおよそ半分を占めるまでになっていた。

そして、経済力が集中していくにしたがって、株式所有権もまた分散していったのである。株式所有権の分散の中身は、支配的大株主の持株比率の低下ではなく、株主数の増大である。支配的大株主の持株比率が低下しなくても、残りの持分が分散していき、株主数が増えていくことは可能である。そして、バーリ＝ミーンズは、誰が株主となっているかではなく、いかに株主数が増大しているかを問題とした。なぜならば、株主数の増大は、私有財産の属性、即ち物的諸資産に対する支配力や付随する精神的価値をもたないものの増大を意味するからである。株式分散とは株主数の増大であり、株主数の増大は株主における「所有権からの支配の分離」の進展度合いを表すものなのである。このような意味での「所有権からの支配の分離」を問題とされたからこそ、株主数は調査したが、誰が株主となっているかという主体の調査は行われなかったのである。

三 「支配」の誕生

「株式会社制度には、富を絶えずだんだんと大きくなって行く諸集合体へと集積し、同時に、支配を段々と数が少なくなって行く人々の掌中に手渡すような、求心力が存在する」[9]というように、所有権から切り離された支配は、少数の支配者集団に集中されるようになった。ここに「所有」は消滅し、会社における「支配」が誕生したのである。「支配」の誕生とはどういうことであろうか。これもまた、その前提が「第二編　諸権利の再編成」において述べられているためわかりにくいのであるが、株式会社制度において、会社を動かしている＝経営しているのは取締役（経営者）であることは前提となって、「支配」定義はなされているのである。[10]ここで、「経営」と「支配」がはっきりと区別されていることがみてとれよう。したがって、会社を動かす経営者を法律的権限か実際的権限によって握ることのできたものが会社の「支配者」となったのである。

その「支配」の類型として、五つあげられている。①殆ど完全な所有権による支配、②過半数持株支配、③過半数所有権がなくして、法律的手段方法による支配、④少数持株支配、⑤経営者支配の五つである。一般的には、①～④までが「所有者支配」とされ、⑤の「経営者支配」として対立させられてきた。しかし、「所有者支配」なる概念はただの一度も用いられてはいないことに注意すべきである。彼らの支配類型の分類は、①～③までを「法律的権限による支配」、④、⑤を「実際的権限による支配」とするものである。またも注意すべきは、「少数持株支配」は、法律的権限による支配ではなく、実際的権限による支配に分類されていることである。少数持株支配は発行済株式の過半数をとっていないために委任状によらざるを得ず、委任状を獲得する能力に依存しているという意味において、経営者支配と同じなのである。なぜバーリ＝ミーンズが「所有者支配」という言葉を用いなかったのかというと、私有財産の解体は「所有者」なる存在をも消滅させたのであり、いかなる「支配」といえども、それは「所有なき支配」であることが考えられよう。「所有者」の財産に対する関係は即ち「所有」なのであって、わざわざ「支配」といわねばならない必要があるということは、その主体はすでに「所有者」とは呼べない存在なのである。「所有者支配」とは、そのような自己矛盾を含んだ概念であるといえよう。「支配」の源泉として「所有」ではなく「法律的権限」と「実際的権限」があげられているのである。例え、過半数の株式をもっている大株主であっても、それは「所有」ではなく「支配」である。それは、過半数以外の一般株主から「支配」を集中させて成り立っているのであり、これは「所有者支配」ではなく「大株主支配」とでもいうべきであろう。「所有権」には、自らの持分を超えた財産に対する「支配」はあり得ない。「所有」ではなく「支配」だからこそ、自らの持分を大きく超えた財産までも動かすことができるのである。「所有権」と「株

主権」はまったく異質のものである。(11)

こうした「財産の変革」による私有財産の消滅と「『支配』の誕生」は、支配者が私的利潤を目的としようと、権力への欲求などを動機としようと、いずれにしろ株主との利害関係は真っ向から対立する事態を生み出した。もはや、経済帝国ともいうべき新しい絶対主義が誕生し、経済を突き動かす個人的創意などというものはなくなり、独創力は支配者にのみ存在するようになったのである。

四　まとめ

以上、第一編の議論をまとめると次のようになる。即ち、株式会社制度の発展は「財産の変革」をもたらした。「財産の変革」とは、それまで一体であった私有財産を消極的財産たる株式証券と、積極的財産たる会社財産とに解体したことである。それは同時に、所有者の財産に対する支配を切り離して、積極的財産の支配者のもとに集めることを意味した。それによって、富の飛躍的広範にわたる集積が技術的に可能となり、一方でその集積された富に対する支配は少数の支配者集団のもとに置かれたのである。ここに、私有財産は解体され、「所有者」は消滅して「株主」となり、巨大な経済権力たる会社権力と支配権力が誕生したのである。

第四節　『近代株式会社と私有財産』第二編　諸権利の再編成
――「近代株式会社」の成立――

「第二編　諸権利の再編成」における主題は、「近代株式会社」の成立である。第二編ではあるが、これこそ『近代株式会社と私有財産』の論理的出発点であり、第一編の起点である「財産の変革」もここからはじまるのである。「近代株式会社」の理解なくして、『近代株式会社と私有財産』の理解はあり得ないと断言できる最重要の概念である。「近代」株式会社ということは、「古典的」株式会社との対比であり、現在においてわれわれが通常「株式会社」というとき、すでにそれは「近代株式会社」のことを指しているのである。

一　「近代株式会社」の成立

まず、「近代株式会社」の成立とはどういうことであろうか。近代の株式会社制度は、拠出された資本に対する権力を出資者各々のもとではなく、集中化された支配に引き渡すような仕組みとなったというのである。そのプロセスは、支配者による財産の占有や機会主義的な行動などによる結果ではなく、法令や判決などの、ほとんど一世紀にわたる積み重ねの「意図せざる結果」としてなされたものである。

この「意図せざる結果」とは何を意味するのか。私有財産の所有者から諸権限を切り離してそれを取締役会に集中し、ほとんど絶対的な権限をもった支配者を誕生させようという目的、もしくは、私有財産が経済の基礎であり、支配の正当性の源泉でもあった時代において私有財産を解体しようというような、明確な目的のもとになされたものではなく、さまざまな法令や判決の蓄積を組み合わせた総合的結果としてそうなってしまっていた、ということである。[12] 私有財産制度の解体、支配の集中への志向、即ち「近代株式会社」化は自覚的になされたものでないがゆえに、「近代株式会社」の成立によって、理念と制度の間に乖離が起きてしまった。社会的な理念としての私有財産は残されたままであったが、実態および制度としてのそれは崩壊してしまったのである。この乖離の問題が、これから展開されるあらゆる立論の基礎となっている。

それでは、いかに所有権から諸権限が切り離されて取締役会に集中してきたのかという法制度の変革[13]を確認していきたい。ここでは、大きく五つあげられている。①委任状制度の導入、②自由に取締役を更迭する権利をもつという原則の消滅、③満場一致の合意から多数決へ、④議決権信託の導入、⑤まったく議決権をもたない種類の株式を発行することの許可、である。

①委任状制度の導入は株主支配力弱体化の開始であった。株式会社の発展にともなう株主数の増大によって株主総会へ出席することが不可能な株主が登場し、その明白な便利さによって委任状制度は急速に広めていった。これにより、経営者、支配者、または支配を握らんとする集団によって、委任状を集めることを通じて権力を集める手段となったのである。②自由に取締役を更迭する権利を

もつという原則の消滅によって、取締役はその任期についている間は、経営についてほとんど完全な自由裁量をもつようになった。次に、③満場一致の合意から多数決へ、についてである。株主は、組織された法人体の目的に矛盾するような決定に対して拘束されないとなっていた。その事業活動を著しく変更する場合には、満場一致の合意が必要だったのである。これは、投機やあらゆる種類の危険から財産を守るためであったが、今日では三分の二かそれ以下での多数決による決議が認められるようになっている。また、④議決権信託の導入や、無議決権株式といった⑤まったく議決権をもたない種類の株式を発行することの許可によって、株主から諸権限は切り離されていったのである。

　こうして、バーリ＝ミーンズは「会社設立に対する一般的許可とか、定款の内容に経営者に対する権限の授与が増大するとかいった多くの法令での諸変化によって、かつては企業の運命に於いて支配的要素であった株主の地位は、強大な権力をもつそれから、ほとんど無力なものに落ちてしまった。この法律上の諸変化は、おそらくはその背景である経済事象の認識を与えたものに過ぎないであろう。株式所有者の地位弱体化の原因が、その経営に関しての無能力と、そして同時に、その職務を奪取せんとする『支配者』の明白な意思とのうちに存する、とみることは殆どまったく妥当であろう」[14]、と結論するのである。ここでは、全てを到底列挙することはできないが、この後もいくつかの改正について論じられ、「近代株式会社」のもとにおける株式に付随する諸参加権限や収益を配分する諸権限についての考察が加えられている。

　当初は巨大な権力をもっていた株主から、さまざまな法制度の改正を通じて諸権限が切り離され、取締役会に集中されてきた。それは結果として、株主を「私有財産の所有者」として扱わないような、拠出された資本を集中化された支配に引き渡すような、「古典的」株式会社とは原理的に異なる「近代株式会社」を出現させたのである。

二　経営者、支配者の法律上の地位―信託権力としての会社権力―

ここで、この「近代株式会社」における、経営者、支配者―経営者とはしばしば同一ではあるが区別された―、の法律上の地位について考えなければならない。

「経営者」なるものは、「法律上、会社の事業、並びに、資産に関する支配を行使する諸義務を正式に引き受けた人々の一団[15]」と定義されている。それらは、法律的資格にもとづいた地位であり、（アメリカにおいては）取締役会、会社の高級役員からなっている。一般に、取締役会は株主達の選挙を通じて、その法律的資格を得ている。しかし、だからといって経営者が株主から信託された「受託者」であり、株主の利益を守る義務があるかというと、そうではない。まず、所有権からの経営の分離が大きくなるにつれて、株式証券の価値は、経営者がそれに価値あらしめようとするときのみ価値のあるものとなった。「証券所有者達に対する経営者の諸義務を統御する法律は、恐らく、絶え間ない弱体化過程を経験しなかった、会社についての法律制度の唯一の部分[16]」である。また、株式会社は株主とは別の法律的主体を有するものであり、法律上、経営者は会社に対する「受託者」なのであって、株主のそれではない。したがって、会社全体に対して忠実であることは求められても、株主の利益を守る法律的義務も責任もないのである。総じて、その定義にあるように、法律的にも実際的にも、会社財産に対する支配は経営者が担うようになった。

この事態が、「経営者」とは別個の「支配者」なる存在を生み出した。議決権の過半数や、その他の何らかの実際的な権力を用いることによって、取締役を選出することができるものが「支配者」となったのである。ここにおける「支配」とは、経営者を自らの意思のもとに置くという究極的支配—というのは、ある会社活動を直接的に指揮しているのはそこの経営者であるために—のことである。「支配者」は、まったく法律外の存在である。そのような「支配者」は現に存在し、彼らは株主の利益を顧みずに自らの利益のために動くことが可能であり、またその活動を統御する法律的な義務もなかったのである。

「近代株式会社」の成立による、このような「経営者」、「支配者」の登場は、新たなる問題を提起することとなった。それは「近代株式会社」は私有財産に立脚した制度ではないのであるが、まだそのような認識は一般化しておらず—驚くべきことに、これは現在においてすらそうであろう—、法律もその認識に立ったものにはなっていないということである。そのため、バーリ＝ミーンズは、この状況において株式会社制度を私有財産として扱わないことは、株式会社制度を統御するものは何ものもないことになり、より危険が大きいと判断した。したがって、「支配者」を株主の「受託者」とみなし、その権益が守られるべき原則を唱えることによって統御しようとしたのである。しかし、現実に「支配者」に権力が集中されているなかにおいて株主の権益を守ることには非常な困難をともなうことである。「従って、たとえ法律になくとも、実際には、この瞬間に、われわれは、株主の権利は、一連のいわゆる法律的権利を強行する能力よりも、むしろ、公正な取扱いへの期待ということのなかに存するという、はっきりとした結論に引戻されてしまうのである(17)」、と結論づけている。

三　結果としての株主の地位―「所有者」から転落した「株主」―

これまで論じてきた一連の諸変化は、結果として株主の地位を大きく修正することとなった。株主の利益は経営者、支配者の意思決定に服従することとなったのである。この「近代株式会社」の仕組みは、個人の経済的権益が集団の権益に服従するという意味において、共産主義体制のそれがもっとも近い。この両者は、それを動かすイデオロギーこそ違え、原理としては同じものなのである。

そして、株主は、かつては私有財産の所有者であり、経営者であり、企業家であった。それが、「近代株式会社」においては、社債権者と同じような地位とみなさなければならないほどにまで、その諸権利は縮小されたのである。ここで強調しなければならないのは、経営者、または支配者が、本来法律で規定されている株主の権利を、権力によって侵害し、奪い、法律に反した行為をしているという意味ではまったくない、ということである。また、大規模化による株式分散によって、経営者や支配者がそのような地位になったということでもない。むしろ、「近代株式会社」―即ち、現行の株式会社制度―は、もはや株主をそのようなものとして扱う制度となっているのであり、それは経営者においてもまた然りである。

そうであるとするならば、われわれはすぐに次のような素朴な疑問が浮かぶであろう。いったい、なぜ株主は「支配」を手放すことになるような法制度の改革を受け入れてきたのであろうか、なぜ易々と「支配」を手放したのであろうか、と。ここにおいて、われわれは「支配」なき株主を必然とする「近代株式会社」機構を成り立たしめる、もう一つの機構に目を向けることができるようになる。即ち、証券市場である。「会社株主の全権限を彼からすべて取除くことによって最後に出てくる結果は、会社自体の外に存する機関、即ち、公開市場に株主をまかせてしまうことである(18)」とし、株主の権利は証券市場で確保されることになったと論じられている。

「近代株式会社」における証券市場の必要性は、株主の利益を守ることと同じか、もしくはそれ以上に、会社にとって資本を固定させる必要のある期間と、株主にとってのそれに大きな隔たりがあることが要因となっている。「財産の変革」によって誕生した株式証券は、固定化されるはずの財産を流動的なものに変えたのである。工場といった巨大な資産はほとんど売却できず、したがって、それを小単位に分割する必要が生じる。このような諸財産を分割して流通させ、なおかつ財産自体の経営など全体に影響を与えないという機構は、「近代株式会社」という手段によって完成された。農場や小規模な工場などの私有財産の所有者は、そこで働き、そこでのすべての責任を負い、生活のパターンまで規定され、あらゆる利害や精神的な価値をも、財産とともにしていたのである。流動化した財産は、こうした一切から所有者を解き放った。「株式会社制度での、経営、並びに、支配からの所有権の分離は、活動性確保についてのこの根本的一歩を遂行した。今日、物的財産と結びつけられているのは経営者、および、『支配者』である。所有者は財産に対しては何ら直接的人間関係を有せず、また、財産についての責任もない。経営者は、多かれ少なかれ永久的であり、物的財産そのものを指揮する。一方、所有権に付随する諸参加権は無数の部分片たる『株式』に分割され、無責任、且つ、非人格的なものとして人の手から手へと渡り歩くのである[19]」という言葉は、株式証券のもつ、私有財産とは異質の性格をよく表している。

こうして「近代株式会社」における株主は、証券市場を通じて、出資した持分をすぐに現金へと転換できるようになった。即ち、「所有者は支配権と流動性とを交換したのである」[20]。これこそ、先の問い、なぜ所有者は「支配」を手放したのか、の答えである。「支配」を手放したのは、一方的なマイナスであったのではなく、「流動性」とのバーターであった。財産の「流動性」は、「財産の変革」によってはじめて可能となったものであり、それまでの「古典的」株式会社には存在しないものである。この「流動性」の有無こそ、財産の性格、会社形態を区分する画期といえよう。

四　まとめ

委任状制度の導入、株主が自由に取締役を更迭する権利をもつ原則の消滅、満場一致の原則から多数決へ、議決権信託の導入、無議決権株式の認可等、といった一連の法令改正は、株主を「私有財産」の「所有者」として扱わないような、拠出された資本を動員する権限を集中された支配に引き渡すような、それまでの「古典的」株式会社とは原理的に異なる「近代株式会社」を成立させた。この

「近代株式会社」の成立こそ、「財産の変革」の論理的起点であり、『近代株式会社と私有財産』におけるすべての問題の出発点である。

これにより株主は、「私有財産の所有者」から、物的資産に対する「支配」と切り離された「株主権しかもたぬ株主」へと転落した。しかし、彼は一方的に「支配」を喪失したのではなく、それは「流動性」との引き換えであった。その「流動性」を確保するのは、証券市場においてである。

以上のことから、次の「第三編　証券市場に於ける財産」では、「近代株式会社」を成り立たしめる必須の要素である証券市場の役割、そこでいかに「流動性」を確保するかに関わる問題が論じられていくのである。

第五節　『近代株式会社と私有財産』第三編　証券市場に於ける財産
――「流動性」と引き換えられた「支配」――

「第三編　証券市場に於ける財産」で扱われるテーマは、「近代株式会社」と二つで一つの制度ともいうべき「証券市場」の役割である。証券市場の役割とは、「流動性」の確保、即ち、いかに株主の権益を守るかというところにある。[21] そのために、公開市場の機能、銀行家（投資銀行、日本における証券会社である）、会社による情報発表における問題、証券市場において経営者が参加する場合の問題が論じられている。

一　公開市場の機能―「流動性」のための「自由市場」―

前節で論じてきた、一九世紀のほとんど一世紀にわたる法令や判決の積み重ねの結果、株主はその権力が弱められ、物的資産に対する取締役会の支配はほとんど絶対のものとなった。支配を失った株主はその代わり、財産の流動性を手に入れたのである。財産の現金への急速な転換性が確保されるのは証券市場においてである。ということは、証券市場における流動性の確保は、「近代株式会社」の存立にとって決定的であることがわかる。そのため、バーリは「証券市場の第一義的機能の一つは、始めから、証券を現金にという急速な転換性―金融人がいうところの『流動性』―を確保するところにある。従って、そこには買手と売手の絶えざる供給があるということである。この目的は決して放棄さるべきものではなく、且つ、全機構に於ける支配的な動機として残るものである[22]」と、「流動性」確保の重要性を強調して止まないのである。

「流動性」を確保すべき証券市場の特質は、「自由市場」たるところにある。「自由市場」であるということは、自発的な買手と自発的な売手との間の合意にもとづいて売買が成り立つということであり、そのための公正な評価の材料となるだけの情報が公開されることが必要になってくる。このうちの、どれか一つでも欠けたとき、証券市場における売買は成り立たなくなり、即ち流動性は除去されてしまうのである。このような「自由市場」の条件を満たすために、証券取引所は―逆説的なようではあるが―、証券市場を管理しなければならない。絶えず市場に証券が供給される仕組みを整備しなければならない。上場を担う投資銀行が、適正な価格をつけるのに十分な情報を提供しているのかをチェックしなければならない。上場後は、株式の価格を公正につけ得るだけの材料を会社が提供しているかをチェックしなければならない。恐慌や、買占めなどによる相場操縦によって、公正な価格がつけられなくなったような場合には市場に介入しなければならない。「自由市場」を成立させるために、証券取引所は自由放任ではなく、市場の管理をしなければならなくなったのである。

これらの議論から、証券市場のもつ機能を以下のようにまとめられている。

「第一は、絶えることのない買手と売手との流れを共にもたらすことによって、取引の集合所と便宜とを維持することである。これは『自由市場』の維持をも意味する。

第二、証券市場は、継続的に価値の測定を供給し、取引所で成立する市場価値にほぼ基づいた数値で、全国中を通じて、証券を信用、または、交換の基礎として利用可能とする。このことは評価の基礎となるべき情報が充分に供給され得るということをも意味している。

第三、これらの市場は、投資者が、その資本を、他の資本用途、個人的支出などのいずれかのために回収し得る唯一の実質的手段を提供するものである。この市場は支払い係の窓口である。支払われる高は毎日異なるであろう。然し、どんな高にしても、これを保証する何らの手段もこれ以外にはないのである。少なくとも、他のすべての手段は、この市場に依存している。約言すれば、市場は証券に対して流動性を附与する機能を遂行するのである(23)」。

「近代株式会社」は、証券市場における流動性の確保なくして成り立たない。証券市場における流動性の確保は、自由市場なくして成り立たない。自由市場は、投資銀行や会社の公正な情報提供なくしては成り立たず、経営者、支配者が情報の優位性にもとづいて市場で利益をあげることを制約する法律はまだない。そこから、次に投資銀行と会社による発表、市場における経営者についての考察が加えられることとなる。

二 「自由市場」の生命線―投資銀行、会社、経営者の問題―

バーリ＝ミーンズは、これまで論じてきたような証券市場に対する認識に立ち、ここでは、自由市場を守るために、上場時における投資銀行による情報発表、上場後の会社からの情報発表の問題を取り上げている。投資銀行による上場する会社、および、株式についての情報こそ、買い手にとっての最初の情報である。したがって、この情報によっていかなる値がつくかが左右されるといってもよい。それだけの重要性をもつ発表であるが、買い手にとって信頼のできる発表であるか、また、証券取引所がその発表を公正か否かチェックするだけの法律的基盤が、当時においては整備されておらず、投資銀行がそこにつけ込んで詐欺まがいの行為をすることが可能な状況であったというのである。

また、それは会社による発表においても同様であった。さらに、いつ発表すべきであり、いかなる情報を発表すべきであり、いかなる情報は発表しなくてもよいのか、という基準もまた曖昧であったとしている。これは、現在のＩＲ（Investor Relations）の問題にも通じる指摘であろう。当時は会社による情報公開と株価に対する責任の問題について法律は不十分なものであったし、また、それが整備されていったとしても、なお、法律には限界があるというのである。そうであるとするならば、経営者の「誠実」に求める他にはないのである[24]。

このような、証券市場に対する発表の問題の次には、市場で株式売買に経営者が参加することの問題が論じられている。経営者は、株式を売買するのに有利な情報を誰よりも早く、詳しく入手できる立場にある。そのため、株式の売買に参加したならば、大きな利益を上げることができるであろう。このことは、現在においてはインサイダー取引として法律で禁止された行為である。しかし、この当時においては、まだそうではなかった。しかも、現在のわれわれからすると驚くべきことに、会社法は、経営者は会社そのものからの受託者なのであって、個々の株主からの受託者ではないとする見解が有力であり、経営者の株式売買への参加は会社に損失を蒙らせるものではないため、禁止されていなかったのである。これに対して次のようにこれらの議論は切り捨てられている。「この原則は証券市場の機能を無視し、また、特に、今日の投資者は証券市場を自分の資本を最終的に償還する手段とみなしているという経済的事実を無視しているということである。市場機構の活用を、会社は、明確な償還についての約束、または、清算時の代用物として利用する[25]」とし、証券市場は、株主が出資した持分を現金に転換する手段なのであって、経営者がその立場を利用して利益を上げることは、この証券市場の目的に反するものであると厳しく戒めるのである。

以上のように、流動性を確保するための自由市場を確立するにあたっての問題を考察した後、次のような予言で締め括られている。即ち、「若し、株式市場によって提供された、はっきりとした流動性が除去されるようなことがあれば、産業資本主義の歴史は、多分新しい方向をたどることになるであろう。証券に投資された資本が潜勢的にでも『凍結』するようなことが実現したとすれば、資本調達はより困難となるであろうし、産業結合の規模は、かなり厳しく制限されるかもしれない。これに相応して、銀行信用、生活水準、および、社会慣習といったものも、おそらく変化するであろう。今考察し得る限りでは、思考の方法は、流動性の維持、株式市場の支持、および責任ある金融機構としての証券市場の重要性の増大に向かっているものと考えられる。(26)」、と。

三　まとめ

「近代株式会社」化の過程で物的資産への支配権を喪失してきた株主は、支配と引き換えに証券市場において流動性を手に入れた。証券市場は、流動性を確保するために、自発的な買い手と売り手が合意にもとづいて公正な価格で売買する状態が常に保たれる、自由市場でなければならない。

自由市場であるためには、投資銀行、会社による公正な情報公開が必要である。投資家は、その情報にもとづいて株式の価値をはかり、売買を行うのである。また、経営者が自らの立場を利用して証券市場で利益をはかることは、支配なき株主のための流動性を確保する場である証券市場の目的に反したものである。この目的のために経営者を法律で規律づけることには限界があり、経営者の誠実なくして、自由市場を成り立たせることはできないであろう。

以上の第三編までをもって、「近代株式会社」化のプロセス、および、「近代株式会社」機構の仕組みについての論述は終わることとなる。最後の「第四編　企業の改組」では、ここまでで明らかにしてきた「近代株式会社」が、「いったい、誰の利益のために運営されるべきか」について論じられている。それは、「近代株式会社」の成立が引き起こした、歴史的、社会的、経済的な「革命」の衝撃を意味するものなのである。

第六節　『近代株式会社と私有財産』第四編　企業の改組
――私有財産に基づかない新しい理論を求めて――

いよいよ、最後の「第四編　企業の改組」までやってきた。この第四編で論じられることは、「一体誰の利益のために（今や産業的富の大部分を代表している）この準公開会社は運営されねばならないのかとの問題である。この問題は、実は、即ち所有者か支配者のどちらが産業の利益を受取るべきであるかとの問題を別の形で尋ねるものである。即ち、第三編までにおいて明らかにしてきた、私有財産としての性格を失った「近代株式会社」は、「いったい、誰の利益のために運営されるべきか」について論じられ、それが「株式会社が財産に対してもつ影響」という著者達のテーマに対する結論となるのである。その方法として、「誰の利益のために」を決める論理の選択肢を列挙し、それと「近代株式会社」の性格を照らし合わせながら一つずつ検討している。そして、そこから導出される結論は、単に利益分配の問題のみならず、さまざまな領域にまで広範に及ぶ、まさに「革命」的な影響を含意するものである。

これまで、この第四編は、いわゆる中立的テクノクラシー論、もしくは「私的致富手段から準公的会社へ」としての株式会社革命論として理解されてきた。はたして、その理解は適切であろうか。

一　財産の伝統的論理―「株主の利益のため」という論理―

著者達の当時の一般には―もっとも、これは現在まで含めてしまっても大きな過ちではないであろうが―、法律家達は「財産の伝統的論理」を適用して、会社はもっぱら株主達のために運営されるべきであると主張している。

この財産の伝統的論理は、英米においては歴史的な重みをもっている。財産の所有者が財産を活用し、そこから上がる利潤に対する所有権をもっていたことは歴史的な事実であり、法律もまたそうであった。即ち、アメリカにおいては、この財産の伝統的論理は歴史的・法律的・経済的に正当性をもっていた。株式会社の発展によって株主から諸権限が切り離され、取締役会の権限が拡大していき、支配者が会社を自らの利益のために運営するだけの力をもったとしても、衡平法（普通法、コモン・ロー）の観点[27]からは、あくまで支配者達は株主からの「受託者」とみなされる。したがって、法律、および、その根底にある理念は、会社の利益が株主達に帰属することを守ろうとするのである。

しかし、著者たちはこの財産の伝統的論理に疑問をもつのである。財産の伝統的論理は、その所有者が、富の危険を負うこと、財産に対する支配とその使用に対する責任を負うこと、この二つの特性をもっていることを前提としたものであった。財産の活用から生ずる利潤が所有者に帰属するということは、財産の活用から生ずる全責任も所有者に帰属する、ということとセットではじめて成り立つのである。「近代株式会社」における株主は、その財産に対する支配と責任を負わず、それは支配者に帰属するような仕組みとなった。例えば、二〇〇二年の雪印食品による牛肉偽装問題では、同社の本部長が逮捕されて刑事処分を受けたし、二〇〇四年の三菱ふそうにおけるタイヤ脱落事故の問題では、同社の社長、会長が逮捕された。財産の伝統的論理からするならば、経営者だけに責任があるのではなく、そのような経営者を任命した株主達こそが責任を負うことになるはずである。しかし、「近代株式会社」においてはそうではなく、経営者に責任を課すのである。だとするならば、会社活動から発生する利潤までが株主に帰属するということに、著者達は疑問を抱かざるを得ないのである。

二　利潤の伝統的論理—「新しい支配者のため」という論理—

次に検討の対象となるのは、「利潤の伝統的論理」である。人間の富を獲得せんとする努力、即ち利潤動機は、利潤を得るために結果的に他人を満足させることになる。そのため、利潤動機が働くとき、それがもっとも社会の利益を促進する、という論理である。

この利潤の伝統的論理が想定しているのは、有形な財産が生産手段であり、その生産手段の所有者は即ち財産の所有者である、ということであった。しかしながら、「近代株式会社」においては、物的資産への支配は、株主ではなく支配者によって担われることになっている。ということは、利潤の伝統的論理に従うならば、会社活動の成果たる利潤が支配者に帰属するようになってはじめて企業の最大利潤創出が誘発されるのであって、それが社会にとっても有益である、ということになる。

しかし、この利潤の伝統的論理の帰結は、先に論じた財産の伝統的論理—利潤が株主に帰属すべきとする—と正面衝突するものである。本来、財産と利潤の二つの論理は矛盾しないはずであった。それがバッティングしてしまう事態において、この論理は両者共に疑問とされるのである。

三　伝統的学説の不十分さ—アダム・スミスの終焉—

われわれは、財産の伝統的論理と利潤の伝統的論理は、もはや「近代株式会社」には当てはまらなくなったことを確認した。これら伝統的論理は、アダム・スミス『国富論』で描かれた世界である。これまで経済活動は、アダム・スミスが用意した、私有財産、富、私企業、個人の創意、利潤動機、競争といった概念で説明されてきたのである。しかし、財産の伝統的論理と利潤の伝統的論理が適用できないことを知った現在、これらの概念もまた検討されねばならなくなったのである。

まず、私有財産については、これは所有権と支配とが結合した実体であった。「近代株式会社」においては、株式や社債などの消極的財産と、物的資産たる積極的財産とに分離されてしまった。株主は、株式証券についてはこれを私有財産として扱うことはできる。なぜならば、株主は、それを所有し、処分する権限をもっているからである。しかし、会社財産については、もはやそうではない。

富は、アダム・スミスにおいては有形財であった。しかし、「近代株式会社」においてはそうではない。消極的財産の所有者にとっては、富は市場価値を有する一かたまりの期待という、無形のものとなった。積極的財産の支配者にとっては、それは彼が支配する企業となった。消極的富は流動的で、非人格的で、責任をも伴わずに人の手から手へと移っていく一方で、積極的富は固定され、組織として機能し続ける限り価値をもつものとなった。

私企業の概念は、株式会社企業の概念と置き換えられねばならない。個人、または数人の直接的労働、または直接的指揮による労働からなる私企業から、軍隊にも比すべく巨大に組織化され、一元的な指揮のもとに動かされるような大規模な結合体となった。これは、もはや私企業の概念で分析するには不適当である。私企業の消滅は、個人の創意もまた消滅させた。大規模会社においては、個人の創意は、会社の頂点にある支配者にのみ存在し、さらに、彼の創意もまた、その組織の能力によって制限されるので、「近代株式会社」においては個人の自由は抑制されたものとなったのである。

個人の動機もまた、利潤によっては説明できなくなった。「アダム・スミスとその追随者達にとっては、一つの動機、つまり、人間を行動にかり立てるあらゆる動機のなかから私的利潤への欲望を抽出し、この動機を人間の経済活動の鍵とすることが出来た」(28)。それは、真に私企業が存在したからである。われわれは、「近代株式会社」における利潤動機の混乱をすでに確認した。著者達は、今や巨大株式会社の支配者の動機を考えるには、アダム・スミスの時代の商人よりも、世界を征服しようとしたアレキサンダー大王のそれについて研究するほうが適切である、とさえいうのである。

最後に、競争についてである。アダム・スミスが想定し、利益の調整役として主張した競争は、自由競争であった。そこでは、市場で支配的な地位を占めるほどの参加者はおらず、いかなる参加者の参加も退出も、市場全体に決定的な影響を与えることはなかった。しかし、今日では、市場はいくつかの大企業によって支配されるようになり、それらに競争させたとするならば、互いに潰しあってい き、独占や寡占がもたらされることによって利益の調整役とは到底ならないようなものとなった。

以上のことから著者たちは、「こうした根本的概念が関係する各諸状態では、近代的株式会社はこの諸概念を適用不可能にするような大きな変化を来たしたのである。新しい概念がつくられるべきであり、また、新しい経済関係が創造されねばならない。本書の開巻に於いて、近代的株式会社が一つの主要な社会機構としての姿をとり、また、その発展が革命なる語で考察されたのは、このことを心中に置いたからである[29]」、と結んでいる。「近代株式会社」の成立は、アダム・スミスが論じた概念では説明できないような、新しい経済秩序をもたらしたのである。

四　株式会社の新概念—「社会全体の利益のため」という可能性—

今や、「近代株式会社」なる機構は、アダム・スミスが描いたような伝統的論理では説明のできないものであることは明らかである。「近代株式会社」は私有財産を解体し、巨大な経済力を集中させるような仕組みとなった。教会や国家がそうであったが如く、株式会社制度における権力の集中は、広範な、多様な、利害関係の交錯をもたらしている。さらに同じく、教会や国家の権力がそうであったように、権力の集中の問題は、その統制の問題、即ち権力の正当性の問題を惹起する。経済的権力は、何にもとづき、誰のために、どの範囲まで認められるのか、という問題である。

これを、財産の伝統的論理にしたがって、株主から信託された権力としてみなすことは可能である。もはや、株主達は積極的財産に対する権限も、何らの責任も負わないにも関わらず、である。この第一の道は、新たなる支配者を受託者としての地位に置き続けることによって、少なくとも、彼らの権力が何にもとづくか、誰のために、どの範囲まで、ということが明確となる。支配者の権力は無制限なものではなく、制限された権力となるという意味において、これは比較的安全である。

これと反対の見解である第二の道として、新たなる支配者の権限は絶対であり、彼らは何ものからも制限されておらず、自らの利益のために会社を運営することができるというものがある。支配者の権力は暴力や強奪といった手段によったのではなく、準契約的に得られたものである。そのため、彼ら自身の利益のためということを、法律や経済的諸関係は、私有財産原則の修正として認めなければならない、という主張である。これが二者択一であるとすれば、前者のほうがまだ害悪は少ないとされている。私有財産にもとづく信託関係は、伝統的に正当なものとされてきたし―今では、私有財産の理念と制度・実態に乖離はあるが―、現時点（当時）においては、これが経済的権力を制限し得る、ほとんど唯一にして確実な方法だからである。

しかしながら、第三の可能性が存在する。「近代株式会社」は、特定の個人、または集団のために運営されるべきとの根拠をもたなくなった。株主は、支配と流動性を交換したことによって、積極的財産に対する責任をも放棄したことになり、結果として会社が彼らのために運営されるべきとの根拠をも喪失した。しかしそれは、新しい支配者のためとの根拠を何らも打ち出すものではない。このように、特定の集団の利益という根拠をもたない「近代株式会社」は、同時に、あまりに広く、多様な利害関係をもつこととなったために、それら諸集団からの要求を受け入れる可能性をもったというのである。

財産権からの信託という論理は、それまでの対症療法として必要である。しかし、この可能性が現実となったときには、財産権は社会からの諸権利に道を譲らなければならない。バーリ＝ミーンズが財産権からの信託を主張した背景には、未だ「社会全体の利益のための企業」を保証するような、支配者の自らの地位に対する自覚、法制度、「近代株式会社」に対する社会からの認識が欠けていたからであり、それらが整ったあかつきには、もともと根拠を失っている財産権による信託からの脱却を考えていたのである。

このような議論は、「近代株式会社」の成立に対する危機感と期待とが同居したものであった。私有財産こそは、近代の経済秩序の中核であり、伝統的にも正当性をもつ制度であった。それの解体の上に成り立つ「近代株式会社」が特定の集団の利益のために運営されたとしたならば、いったいなぜ私有財産は解体されねばならなかったのか。そうなったときには「近代株式会社」こそ廃絶されるべきであろう。もし、そのような「近代株式会社」が存続すべきものとするならば、広く諸集団の利益のために運営される以外に、その存在に正当性を付与することはできないのである。

最後に、「近代株式会社」のもつ、経済的諸関係を超えた、歴史的な意味について論じられて、この『近代株式会社と私有財産』は締め括られている。かつての中世において、社会の支配的な権力は宗教権力であり、その担い手は教会であった。このときは政治力も経済力も分散していた。近代国家の台頭は政治権力の集中をもたらし、宗教権力へと挑戦したのである。教会と国家の長い闘争の結果、国家が勝利し、社会の支配的権力は政治権力に移った。経済力は、このときもまだ分散したままであった。「近代株式会社」の勃興は、その経済力の集中をもたらした。近代国家と対等の立場で競争できるまでに力を集中させた経済権力は―かつて政治権力が宗教権力に挑戦したように―政治権力に挑戦しだしたのである。[30]「近代株式会社」と近代国家、経済権力と政治権力のどちらが支配的権力となるかは、著者たちの時代には将来のことであった。現在では、どうであろうか。

五　まとめ

「近代株式会社」において、私有財産、私企業、個人の創意、利潤動機、競争といった伝統的論理は貫徹しなくなった。では、この「近代株式会社」はいったい誰の利益のために運営されるべきか。

第一には、財産の伝統的論理に従って支配者を株主の受託者とみなす道がある。第二には、新しい支配者は誰によっても制限されておらず、彼ら自身のために運営するという道である。二者択一だとすると前者のほうがまだ害悪は少ない。それは、財産権からの信託とみなすことは新たなる支配者の権力の源泉、正当性を明確にするものであり、その限りにおいて制御することができるからである。

しかしながら、第三の可能性が存在する。

消極的財産の所有者は、積極的財産に対する支配を放棄したことによって、会社は彼らのために運営されるべきとの権利をも放棄した。しかしそれは、積極的財産の新しい支配集団のために運営されるべきとの基礎をもつくったわけではない。むしろ、支配集団は所有者、支配者のいずれでもなく、全社会に対して役務を提供すべき準公的会社としての地位に会社を置いたのである。

この「第三の道」を選択することができる条件が整うまでは、支配者の権力を無制限なものとして放置しないためにも、財産権からの信託という原則は厳正に施行されていかなければならない。この第四編を、中立的テクノクラシー論、もしくは「私的致富手段から準公的会社へ」としての株式会社革命論という結論であると理解することは、あまりに単純化してしまっていることは明らかであろう。

第七節 「株式会社革命」論としての『近代株式会社と私有財産』

ここにおいて、われわれはようやく『近代株式会社と私有財産』を一つの理論として理解することができる。それは、「近代株式会社」化が引き起こした諸変革の総体としての「株式会社革命」論である（図表1―2参照）。

一九世紀のほとんど一世紀をかけて、株主権から支配権が切り離されて弱体化され、取締役会に集

図表 1-2 「株式会社革命」論としての『近代株式会社と私有財産』の構造

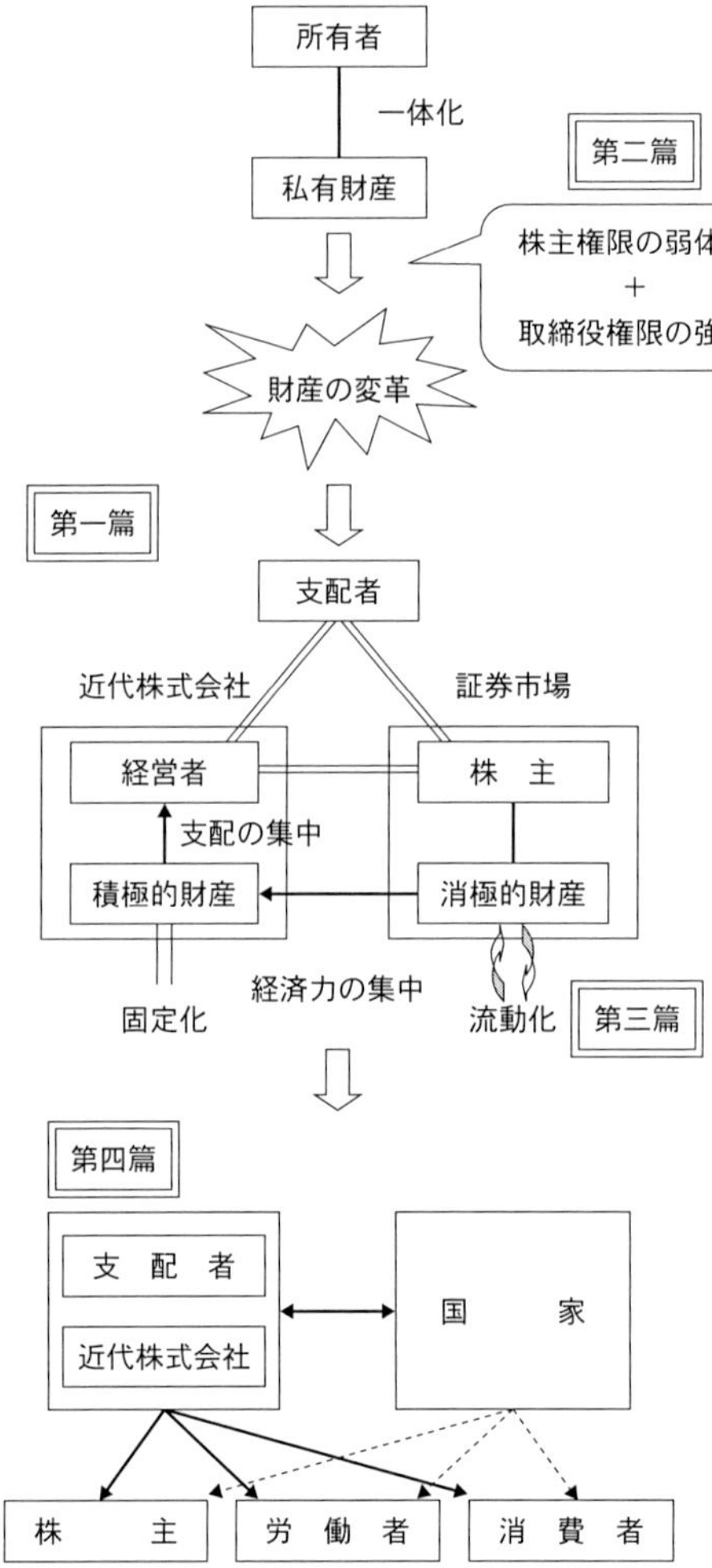

出所：筆者作成。

中されてきた。それは意図せざる結果として、株主を私有財産の所有者として扱わないような、拠出された資本を集中化された支配に引き渡すような、それまでの「古典的」株式会社とは原理的に異なる「近代株式会社」を成立させたのである。「近代株式会社」において、私有財産を消極的財産たる株式と積極的財産たる物的資産とに分割する「財産の変革」が生じる。ここに、伝統的な意味での私有財産、および、所有者は消滅した。積極的財産に対する支配は取締役会に担われることになり、ここに取締役を媒介とした「支配」が誕生したのである。それが富の広範な集中を技術的に可能とし、集積された富は固定化され、統一された指揮のもとに置かれることになった。「近代株式会社」においては、富の集中による巨大な会社権力と、その支配権力という二重の権力集中[31]を必然とする仕組みとなったのである。一方、消極的財産の担い手たる株主は、物的資産への支配権を喪失した代わりに、証券市場における「流動性」を手に入れ、その活用から生じる責任からも解放された。その結果として株主は、私有財産の所有者ではなく、社債権者と同じような地位となった。私有財産の解体によって、アダム・スミスが描いたような伝統的論理はもはや当てはまらなくなった。「近代株式会社」が存続すべきとするならば、株主のためでもなく、新たなる支配者のためでもなく、準公的会社として、広く社会の利害関係者のために会社が運営されねばならないのである。

そのためには、証券市場における流動性の確保はもちろん、絶対的な権限をもつ支配者によるその力の自覚に立っての良心が必須要件となる。また、社会における「近代株式会社」に対する認識――もはや、私有財産ではなく、消極的財産と積極的財産という新しい財産を扱っているというような――もまた求められるのである。これらの問題は、『近代株式会社と私有財産』以降のバーリの著作、『二十世紀資本主義革命』(一九五四年)、『財産なき支配』(一九五九年)、『財産と権力――アメリカ経済共和国――』(一九六三年)で詳しく論じられ、展開されていくことになる。

以上みてきたような「近代株式会社」の成立は、古典的理論の世界と比較して、会社と財産、労働者、消費者、国家との関係を激しく変化させた。「革命」なる概念が体制変革を意味するとすれば、「近代株式会社」の登場は、まさしく私有財産の解体によってそれを基盤とする資本主義＝「私的」資本主義なる経済体制を変革した。アダム・スミスが描いたような自由放任によって社会全体の利益が促進される「私的」資本主義の概念も、マルクスが問題とした金持ちはますます富み、貧乏人はますます貧しくなるような、搾取と抑圧が階級闘争を引き起こす一九世紀的資本主義の世界も、もはや、「近代株式会社」を中心とする資本主義においては当てはまらなくなった。ここに大企業体制と呼ぶべき新しい経済体制が生まれたのである。これら諸変革の総体こそが「株式会社革命」であり、『近代株式会社と私有財産』は「株式会社革命」論なのである。

（三戸　浩・佐々木真光）

注

（1）Berle, A. A. and G. C. Means, *The Modern Corporation and Private Property*, 1932.（北島忠男訳『近代株式会社と私有財産』文雅堂銀行研究社、一九五八年、一頁。）（傍点、括弧内筆者）
（2）同上訳書、四頁。
（3）同上訳書、一頁（括弧内筆者）。
（4）同上訳書、五頁。
（5）同上訳書、五頁。
（6）同上訳書、一四〇頁。
法律的手段方法による支配：特定の個人・集団が持株会社を利用して、あるいは無議決権株の発行、議決権信託等の法的手段を通して、過半数支配と同じ状態を生み出している。
経営者支配：特定の支配的株主を見出せず、支配は委任状収集を通して実質的に取締役を選任しうる立場にある経営者の手中にある。
管財人管理：互いに調整し合いながら支配する場合を「共同支配」と呼び、特殊な支配の下にあるものとして「管財人管理」を上げている。

(7) 同上訳書、二一―三頁（括弧内筆者）。
(8) 同上訳書、七頁。
(9) 同上訳書、二二頁。
(10) 同上訳書、八八―八九頁。
(11) 「所有権」と「株主権」の違いについては、今西宏次『株式会社の権力とコーポレート・ガバナンス』（文眞堂、二〇〇六年）における「図表1―1」（一四頁）がわかりやすい。
(12) バーリ＝ミーンズ／北島訳、前掲訳書、一五六頁。
(13) アメリカ初期の会社法における株主権限弱体化のプロセスについては、久保田安彦が優れた業績を残している。詳しくは、久保田安彦「初期アメリカ会社法上における株主の権利（一）、（二・完）」（『早稲田法学』第七四巻第二号、第四号、一九九九年）を参照されたい。
(14) バーリ＝ミーンズ／北島訳、前掲訳書、一六九頁（傍点筆者）。
(15) 同上訳書、二七八頁。
(16) 同上訳書、二七九頁。
(17) 同上訳書、三四四頁。
(18) 同上訳書、三五八頁。
(19) 同上訳書、三六三頁。
(20) 同上訳書、三六五頁（傍点筆者）。
(21) このバーリ＝ミーンズの第三編における証券市場の役割、流動性の議論について詳しく取り上げているのが、間宮陽介『法人企業と現代資本主義』（岩波書店、一九九三年）である。間宮は、資本主義経済を個人や個人企業主体の個人企業体制と法人企業主体の法人企業体制に分け、現代を法人企業体制の資本主義経済であるとする。この個人企業体制から法人企業体制への転換を論じたのがバーリ＝ミーンズ、ケインズ、ヴェブレンであるとし、彼らの理論から現代資本主義の特質を明らかにしようと試みているのである。そこの「第三章　証券市場と市場経済」で『近代株式会社と私有財産』の第三編が取り上げられ、法人企業体制における証券市場と流動性の意味が論じられている。

（22）バーリ＝ミーンズ／北島訳、前掲訳書、三六九頁。

（23）同上訳書、三七七頁。

（24）同上訳書、四一二－四一三頁。

（25）同上訳書、四一七頁。

（26）同上訳書、四二〇－四二一頁（傍点筆者）。

（27）われわれ日本人は、近代化の過程で欧米の法制度や思想をことごとくといってよいほどに摂取してきたが、この英米法、衡平法、コモン・ローの法哲学、理念は、なぜかまったく日本に根づいてはいない。それが、その伝統、教養の膨大な蓄積に立っている法学者バーリの議論をなかなか理解することができない大きな要因の一つであると考えられる。後の『二十世紀資本主義革命』（原著名は *The 20th Century Capitalist Revolution.* 訳者の桜井信行は『二十世紀資本主義革命』としているが、正木久司は『二十世紀資本家革命論』と訳している。）にある「会社良心論」なども、王の良心と会社良心、神の都など、この文脈における語彙を用いて論じられているのである。

（28）バーリ＝ミーンズ／北島訳、前掲訳書、四四二頁。

（29）同上訳書、四四四頁。

（30）これは、バーリの歴史観の表明である。それは、「権力史観」とでもいってよかろう。社会には常に支配的権力が存在している。そこでは、ある領域における力の集中がなされている。そのとき、他の領域における力は分散されている。その分散された力が何らかによって集中されたとき、支配的権力の座をめぐって、集中された権力同士の闘争が行われるのである。勝利した権力は支配的権力となり、敗れた権力は分散されていくのである。この観方からするならば、社会には必ず権力は存在するものであり、問題とすべきはその制御ということになる。権力の制御の問題とは、権力の正当性の問題である。正当性とは、権力に従うことを納得する論理であり、その論理の限りにおいて権力は制限されるのである。したがって、正当性なき権力とは無制限な権力であり、無制限な権力は非正当な権力とみなされる。

『近代株式会社と私有財産』の後、バーリはこの権力の問題に取り組み、戦後になってから『二十世紀資本主義革命』、『財産なき支配』、『財産と権力―アメリカ経済共和国―』を、晩年にはバーリ権力論の集大成ともいうべき『権力論』を著したのである。

(31) 株式会社制度における「二重の権力集中構造」こそが正当性問題の根幹であるとしたのは渡辺英二である。渡辺は、企業統治論において権力・統治の観点から正当性問題が論じられていないことを問題とし、正当性問題の理論化を試みている。そこから、権力・統治の観点から正当性問題を論じている数少ない研究者であるドラッカー、三戸公、バーリ＝ミーンズの議論を取り上げて検討している。その結論として、バーリ＝ミーンズの議論からすると株式会社制度は財産権にもとづいた制度ではなく、財産権の観点からは所有者支配も非正当性であると断じているのである。詳しくは、渡辺英二「企業統治論における正当性問題」（経営学史学会編『ＩＴ革命と経営理論』文眞堂、二〇〇二年）を参照されたい。

（本章は、佐々木真光の修士論文「バーリ＝ミーンズ『株式会社革命論』再考―コーポレート・ガバナンスの基礎理論を求めて―」を三戸浩が加筆、修正したものである。）

第二章　ミーンズと『近代株式会社と私有財産』

第一節　はじめに

本書の本章以外の部分は、基本的にバーリに焦点を当てて論じられている。しかし、本章では、ミーンズの側からバーリとの共著『近代株式会社と私有財産』（一九三二年）[1]とその成立の問題を中心に見る。これまで、わが国では、バーリばかりが注目され、採り上げられてきており、バーリ研究は数多く存在する。[2]しかし、ミーンズが同書の成立、その後の株式会社論の発展や経済思想の展開に与えた影響も極めて大きなものがあるが、わが国におけるミーンズ研究は、一九八〇年代以前にいくつか見ることができるだけであり、[3]それほど進んでいるわけではない。

ミーンズは、一九八八年に九一歳で死亡しているが、その前後から彼についての研究がアメリカにおいてなされるようになっており、彼が『近代株式会社と私有財産』において果たした役割についても研究が進められている。ミーンズの研究は、「おそらく最初のポスト・ケインズ主義経済学者（post

Keynesian economist)[4]」のそれと特徴づけられ、彼の活動は、主としてアカデミックな経済学者としてではなく、政府やアイデアおよび政策の世界において発揮された。[5] そして、制度学派の経済学者として、近代経済において決定的な制度である株式会社に対して深く分析しているのである。

本章では、まず第二節において、バーリの生い立ちとその思想について、若干ではあるが見ていく。第二節での記述からもわかるように、確かに『近代株式会社と私有財産』はバーリのキャリアで重要な位置を占めているが、彼の人生は必ずしも同書に大きな影響を与えているとは思われない。しかし、ミーンズのキャリアについては、第三節以下において見るように、同書に明確に反映されているといえ、むしろミーンズが加わったことにより同書が今日、経営学の古典的名著たりえたといっても過言ではない。したがって、本章では、株式会社論に関係する部分を中心にミーンズの研究を考察し、ミーンズの側からバーリとの共著『近代株式会社と私有財産』について見ていく。そして、ミーンズがその後の株式会社論や経済思想の展開に与えた影響・貢献についても明らかにしたい。

第二節　バーリ――その生い立ちと思想――

バーリのキャリアは、「二〇世紀アメリカ自由主義思想（liberal thought）の主流を代表するものである」[6]といえる。彼は、実際に開業していた弁護士であり、コロンビア大学教授（会社法学者）であった。また、フランクリン・ルーズベルトの「ブレイン・トラスト」のオリジナルメンバーであり、ニューディール期の法制定（銀行業務、証券市場に関するもの）に大きな影響力を有していた。その後、ラテンアメリカ問題の専門家にもなり、国務次官補（一九三八年〜一九四四年）、駐ブラジル大使（一九四五年〜一九四六年）、一九六一年には、ケネディ大統領に対してラテンアメリカ問題についての諮問を行う調査特別委員会の議長となっている。彼はまた、一九四三年にルーズベルト大統領と当時のリベラル系議員により組織されたニューヨーク州自由党の最初の議長であり、第二次世界大戦後、約二〇年にわたって「二〇世紀財団」の議長も務めている。[7] このように、バーリは、多分に自由主義的な思想をもった弁護士、研究者、そして政治的な人物であるといえるだろう。

バーリは、一八九五年一月二九日にマサチューセッツ州ボストンに生まれた。進歩主義的な伝統の下で育ち、プロテスタントの一教派である会衆派教会牧師の父から「社会的福音（social gospel）」の影響を大きく受けていると考えられる。また、彼の母は、大学教授で後に大学学長にもなったライト（G. F. Wright）の娘であり、父親からの影響を受け、結婚前にノースダコタ州のスー族のインディアン部落で働いている。[8] このように、バーリは、宗教的・有徳的な環境の下で育ったといえる。

彼は、一四歳でハーバード大学に入学し、歴史を専攻して一九一三年に文学士（A. B.）、一九一四年に文学修士（A. M.）を取得している。[9] 後にアメリカ歴史学会会長となるチャニング（E. Channing）教授の下で、「連邦政府による州債務の引き受けに関するアレキサンダー・ハミルトン引受法について研究[10]」したのである（この研究は、後に「ブレイン・トラスト」のメンバーとなり、金融政策を行った際の理論的基礎となる[11]）。このように、当初バーリは、歴史学者になることを志すが、彼の父が歴史学者として成功することは極めて困難であると反対したため断念することになる。[12]

そして、彼の父は、バーリに法律を学ぶことを勧めることとなる。これは、バーリの父が、法律こそが今後のアメリカ社会の求める学問であると考えたからである。このため、バーリは、ハーバード・ロー・スクールに入学し、法学を学ぶことになる。そして、一九一六年には、同大学史上最年少の二一歳でロー・スクールを卒業したのである。[13] このため、「早熟であり、才気煥発であった」[14]との評価も受けることも多い。バーリは、確かに早熟かつ才能にあふれた人物である。しかし、これは両親から受けた家庭教育の影響も大きいと考えられる。彼の父は、教育に関する本を二冊著しており、[15]親は不十分な公立学校に全面的に依存するのではなく家庭で子供を教育する必要があると主張している。バーリは男女二人ずついる兄弟姉妹の二番目（長男）であったが、男子二人は一四歳でハーバード大学に、女子二人は一六歳でラドクリフ大学に入学しているのである。[16]

ハーバード・ロー・スクールを卒業したバーリは、ボストンにあったブランダイス法律事務所で働き始めたが、一九一七年にアメリカが第一次世界大戦に参戦すると同事務所を辞し、軍隊に志願することになる。最初、彼は陸軍大学校に配属され、戦時体制下で砂糖増産計画に携わるためにドミニカに派遣される。このことは、後に彼がラテンアメリカ問題の専門家となる出発点となった。この任務終了後、彼は陸軍大学校に復帰し、次はロシア経済の専門家になるよう要請を受ける。そして、ロシア問題の専門スタッフとして一九一八年一二月に始まるヴェルサイユ講和条約締結に向けての交渉に派遣される。バーリは、この交渉過程で条約締結に反対の考えをもつようになり、他の十数名の使節団スタッフとともに一九一九年にその職を辞し帰国することになるのだが、これは、後に彼がさまざまな政治的活動を行うスタート・ラインであったともいえるであろう(17)。

帰国後、彼は二四歳の若さで、仲間とニューヨークで法律事務所を開設することになる。当時、ニューヨークはすでに世界の金融中心地の一つになっており、巨大株式会社も一般的なものとなっていた。そして、バーリは、このニューヨークで会社法関係の有能な弁護士として注目を受けるようになる。このように会社法に関する法実務を行う一方で、彼は法律的な視点から、株式会社制度と株式会社財務に関する研究をスタートさせることになる。そして、この研究が評価され、彼は、一九二五年にはハーバード・ビジネス・スクールの財務論担当の講師となり、一九二七年にはコロンビア・ロー・スクールの株式会社財務論担当講師となったのである(18)。

なお、バーリはこの時期、数多くの株式会社財務に関係する論文を執筆しているが、これは本章第四節以下でも見るように、当時、すでに伝統的な考え方であった株主主権論の立場から論じたものであることは注意をしておく必要がある。そして、ロックフェラー財団が後援する社会科学研究会議から一九二七年に、七〇〇〇ドルの研究費を得て、この立場から株式会社を研究するプロジェクトをスタートさせたのである(19)。第四節以下で見るように、この研究プロジェクトの統計および調査アシスタントとして採用されたのがミーンズであり、その成果が『近代株式会社と私有財産』となる。

バーリは、その生涯において、数多くの著書・論文を著している。株式会社論に関係する代表的な著書としては、すでに挙げたミーンズとの共著『近代株式会社と私有財産』の他に、『二〇世紀資本家革命』（一九五四年）、『財産なき権力』（一九五九年）、『アメリカ経済共和国』（一九六三年）等がある。また、ラテンアメリカ問題についての著書『ラテンアメリカ―外交関係と現実―』（一九六二年）、六〇〇ページを超える晩年の大著『権力論』（一九六七年）も彼の代表作ということができる。

第三節　初期のミーンズ（一八九六～一九二七年）

ミーンズのキャリアは、その後のミーンズの研究や彼の研究姿勢に多大な影響を与えていると考えられる。本節では、バーリの近代株式会社に関する研究プロジェクト（一九二七年）へ参加する以前のミーンズについて見てみたい。ミーンズは、一八九六年六月八日にコネチカット州のウインダムで生まれた。ミーンズの父もまた、バーリの父と同様に会衆派教会の牧師であった[20]。彼は一八歳でハーバード大学に入学し、化学を専攻したが、一九一七年にアメリカが第一次世界大戦に参戦したため、一セメスター残したままハーバードを卒業（化学学士号を取得）している[21]。このように若い時代に自然科学分野でのトレーニングを受け、それが身についていたため、ミーンズは、後に経済問題を研究する際にも一般化のために事実を蓄積するという手法をとることになる[22]。

大学卒業後、ミーンズは軍に入隊し、ニューヨーク、プラッツバーグの将校（officer）トレーニング・キャンプに送られ、そこでバーリと知り合うことになる[23]。その後、一九一九年に、彼は軍を除隊し、一九一五年に設立されたばかりのトルコを支援する慈善基金 Near East Relief に参加する。そして、ミーンズは、トルコにおいて、各々の商人が所定量の手持ち在庫をもっているが、実際に取引が行われる以前には値段が確定していないオリエンタル・バザールを経験することになる。[24] この経験が、後述するようにその後のミーンズの研究に多大な影響を与えることになるのである。[25]

ミーンズは、一九二〇年にアメリカに帰国し、トルコでの手織物に関する経験に促されてLowell Textile Schoolに入学する。そして、毛織物の製造を二年学んだ後、彼自身がデザインし、他の業者とはまったく異なった高品質・高価格の織物毛布を製造する繊維企業を一九二二年に設立した。彼は企業経営を通じて繊維機械市場やボストンの羊毛市場について精通するようになり、アメリカの産業生活が、彼がトルコのオリエンタル・バザールで経験してきたものとはまったく異なっているという結論を出すことになる。特に、バザールにおいて、原料である綿花や羊毛の価格が常に変化するのに対して、製品である綿糸や毛糸の価格があまり変化しないことに気付き、ミーンズは、綿糸や毛糸の価格決定過程と綿花や羊毛の価格決定過程とがまったく異なっていると推測したのである。[26]

ところで、ミーンズは繊維企業を経営する一方で、不況や失業がなぜ起こるのかに興味を持ち、アメリカ経済について研究するために一九二四年二月ハーバード大学大学院に入学する。彼は、株式会社や産業に関してリプレー（W. Ripley）のクラスで学んだが、そこでは不況や失業がなぜ起こるのかについては明らかにすることができなかった。当時のリプレーのクラスは、鉄道、トラスト、および株式会社をテーマとしていたが、ここでのリプレーの主張は、株式所有が分散したことにより、会社の上級レベルの管理者や取締役が株主を犠牲にして自分たちが富裕になることができるようになっているとしていた。ミーンズは、リプレーのコースに加えて、一九二六年の春学期に、コロンビア大学で公益企業の規制について講義していたボンブライト（J. C. Bonbright）のクラスも聴講している。[27]これは、後のボンブライトとの共著『持ち株会社』（一九三二年）[28]につながっていく。同書は、一九三五年に成立した公益企業持株会社法に重大な影響を与えたといわれているのである。[29]

ミーンズは、経済理論に関しては、フランク・タウシック（F. Taussig）とアレン・ヤング（A. Young）のクラスを受講しており、アダム・スミス、リカード、J・S・ミル、オーストリア学派、マーシャル、エッジワースの著作に触れることになる。加えて、おそらくこの段階でワルラス的な一般均衡についても学んでいると考えられる。したがって、ミーンズは、新古典派経済学の理論に関して、当時の最も優れた最先端の教育を受けていたといえる。しかし、彼は、新古典派経済学の理論では二〇世紀のアメリカ経済を説明することは困難であると考えたのである。[30]

当時、ハーバード大学で教えられていた新古典派経済理論について、ミーンズは、アダム・スミスやリカードの時代のイギリス、一八四〇年代以前のアメリカ、そしてミーンズがトルコで経験したバザールを説明するには適切であると考えた。そこでは、生産・販売活動の大部分は極めて多数の小規模な所有者支配型で、所有者自らが操業する企業により行われており、価格はあらかじめ決定されておらず、売買活動や交渉を通じて極めて柔軟に決定されていた。しかし、工場制機械工業の導入により産業革命がおこったことによって、ミーンズは、経済システムに重大かつ不可逆的な変化が生じたと考えた。個々の企業が生産規模を拡大し、多数の従業員を雇用するようになったために、企業は労働者や生産を監督するための経営システムを発展させた。企業が、賃金率や市場価格などの市場の諸活動を管理し始めたのである。このため、ミーンズは、市場が経済活動の唯一の規制者、市場価格の決定者ではなくなってしまっていると考えた。彼は、現実の経済に生じたこのような変化が重大であるにもかかわらず、新古典派の理論はこのような変化を考慮に入れていないと考えたのである。[31]

ミーンズが入学した一九二四年当時、ハーバード大学では、マーシャルの『経済学原理』は全ての大学院生が理解していなければならない中心的な理論であり、ハーバードの経済学者にとって共通の理論であった。しかし、ミーンズは他の大学院生とは異なり、新古典派経済学は二〇世紀のアメリカ経済に対してはまったく的外れであるとして拒否したのである。[32]

第四節 『近代株式会社と私有財産』とミーンズの関係

ミーンズは、一九二七年に修士号を得た後、かねてからの知り合いであったバーリから、近代株式会社に関する研究プロジェクトへの支援を要請され、統計および調査アシスタントして雇用されることになる。ミーンズが統計的な証拠固めと経済分析を行い、バーリが法律的な分析を行うというものであり、その成果が『近代株式会社と私有財産』（一九三二年）である。[33] 同書は、二〇世紀において最も影響力を持った著作の一つといえるであろう。[34] 経済学と法学は専門用語が異なり、お互いの考えを理解することは困難であったが、一九二七年にミーンズの妻となった著名な歴史学者キャロライン・F・ウエア（C. F. Ware）が各々の話を聞き、専門用語を一般用語で説明する翻訳者になることで、共通の理解を得ようとする試みがなされたのである[35]。

そして、『近代株式会社と私有財産』の各部分がバーリとミーンズのどちらにより書かれたかという点については、利用可能な資料から次のようであると考えられている。第一編（Book I）の二～四章はミーンズ単独で書かれ、第二編と第三編はバーリ単独で書かれた。第一編の一章と第四編全体は、バーリとミーンズ共同で執筆されている、というものである[36]。以下では、同書について論じる場合、単純にバーリ＝ミーンズとするのではなく、共同で執筆した部分なのか、それぞれが単独で執筆した部分なのかを区別して議論を進めていきたい（なお、本章第五節において、第四編の草稿がミーンズにより書かれていると論じることになる）。

バーリは、この研究プロジェクトで、株式会社により財産権に変化がもたらされたことを明らかにしようと考えていた。統計的・経済的・法律的な分析を通じて、彼は以下の二点を明らかにしようとしたのである。①株主の財産権を侵害することにより、会社経営者が会社寡頭制に近づいているというバーリの主張を実証すること、②バーリが考える株式会社に関する受託理論（fiduciary theory of corporations）を提示することである[37]。このため、バーリ＝ミーンズは、このプロジェクトを「支配を掌握しているグループにより経営される会社と、その会社に対して参加権を有している人々（その会社の株主、社債保有者、そしてある程度は他の債権者）との間の関係」に限定し、内部組織の変化（従業員、工場組織および生産の技術問題に対する関係の変化）や外部との諸関係（顧客や政府との関係）は取り上げることはしないとし、「われわれがここで関心を持っているのは、財産の構造（form）とそれに基礎を置いた経済的諸関係とに生じた根本的な変化のみである[38]」とするのである。

バーリ＝ミーンズは、『近代株式会社と私有財産』の共同執筆した結論部分において、所有と支配が分離された株式会社の経営者がその権力を誰の利益のために用いなければならないのかについて問題を提起し、次の三つの可能性を示した。①財産の伝統的な理論に基づき、消極的な財産の所有者たる証券所有者（株主）の受託者として行動する可能性、②会社の支配者たる経営者が自らの利益にために会社を運営する可能性、そして③経営者が社会全体の利益のために仕える可能性、である。ここでバーリ＝ミーンズは、株式会社制度が存続し続けるためには③の方向に進展し、経営者が純粋に中立的なテクノクラシーに発展することが必要不可欠であるとしている[39]。しかし、バーリの研究プロジェクトは、株主と経営者の関係に中心的な関心を置いたものであり、株主と債権者以外の利害関係者については、基本的に対象とはしていなかった点については、『近代株式会社と私有財産』の成立過程を考えていくうえで注意しておく必要があろう。

近代株式会社に関する研究プロジェクトにおいて、バーリはミーンズに以下の二点を明らかにするよう指示していた。①アメリカ経済において大規模な株式会社はどの程度の重要性をもつようになっているか。そして、②「小規模で支配的な経営者グループが、合理的な規模の会社の事業活動を支配する[40]」範囲を示すために、株式所有の分散がどの程度進んでいるかである。

一九二〇年代のバーリの株式会社に関する論文は、所有と経営の分離というテーマに固執していた。理論上、株式会社の所有者は、その会社の株主である。しかし、実際には、株主は会社の政策決定や日常の活動に関してほとんど発言力を有しておらず、名義上の所有者にすぎない。取締役が合法的に、株主が利益や財産の分配をできないようにしている。バーリは、統制のとれていない証券市場において株主が明確な権利を有していない点に問題があるのではないかと考えていた。一九二〇年代は保守的な時代であったため、彼は、衡平法裁判所を通じて株主が訴訟を起こすことや証券取引所が自主規制する方を好んだのである。[41] したがって、近代株式会社に関する研究プロジェクトは、会社法学者としてのバーリが観察した巨大株式会社で生じている所有と経営の分離が、法学的・経済学的にみてどのような意味をもつのかについて研究することを目的にスタートしたといえる。[42] 会社の支配という問題・概念は、研究プロジェクトがスタートして以降、ミーンズがもたらしたものなのである。

ミーンズは、バーリの指示に従い研究プロジェクトを進め、実証研究を進めていく中で、所有と経営の分離では経済学的な意味での重要性を十分説明できず、また彼の実証研究が十分生かされないのではないかと考えるようになる。このため、ミーンズは、所有と経営の観点から考察するのではなく、所有（ownership）・経営（management）・支配（control）という三つの概念を用いる方が有益であるとしてバーリを説得したのである。[43] バーリを説得するために、ミーンズは、他にまったく邪魔が入らない状態で、日曜日丸一日かかったといわれている。[44]

では、ミーンズは、所有・経営・支配についてどのように考え、定義しているのであろうか。ミーンズは、まず、所有について、「会社の株主をその所有者としてとり扱う[45]」とし、「企業体（enterprise）に対して利害関係（interests）をもつ機能[46]」とする。経営については、経営者（management）には、取締役会や主要な幹部社員、監督者や作業長が含まれ、日雇い労働者でも機械を管理（manage）しているとする。[47]「企業体に対して権限（power）をもつ機能[48]」である。したがって、経営者は、日々の会社業務を積極的に行っている諸個人ということができるであろう。最後に、支配は、「企業体に関して行為する機能[49]」であり、会社がどのように行動するのか指揮し、会社の利益をどのように分配するのか決定する権限である。会社がどのように行動するのか決定する法的権限は取締役会にあるため、ミーンズは、会社の支配は取締役会メンバーの過半数を選任する「実際上の権力（actual power）をもつ個人、もしくは集団の掌中に存する[50]」としている。以上のようにミーンズは、「所有と経営」という二つの概念を新たに「所有・経営・支配」という三つの概念に区別したが、この区別はバーリの法的な調査・研究に対しては、ほとんど影響を与えていない。これは、バーリが取締役や主要な幹部社員の行動を株主との関係でのみ関心をもっており、所有と支配の分離の結果生じる経済的な問題については関心をもっていなかったためであると考えられる。

所有と支配の分離の法的意味を評価する際に、バーリはまず、歴史的に見て株式会社制度が台頭したことにより、「多くの人々が資本に出資したものを集中化した支配の手のもとに引き渡すような組み立てになったこと[51]」、即ち、権力が株主から経営者に移行したことに留意する。そして、彼は、『近代株式会社と私有財産』の第二編一章～四章に見られるように、株主の参加権を消滅させるような権限を、取締役会や主要な幹部社員がさまざまな法的メカニズムや装置を通じて獲得していることについて論じる。そして、経営者（取締役会および幹部社員）を「法律上、会社の事業や資産に対する支配を行使する義務を公式に負わされた人々の一団[52]」と定義した上で、会社は株主により所有されているのだから、会社権力は全ての株主の利益のために用いられることで信託的権力たり得る、と考えたのである。これが、バーリが考える株式会社に関する受託理論（株主信託モデル）であり、彼は、「所有と支配の分離に付随するミーンズが示唆した所有者と支配者の間に起こり得る断絶は法的に矯正する[53]」ことが必要だと考えることになるのである。しかし、ミーンズの側から見ると、所有と支配の分離は重大な意味をもつことになる。所有と支配の分離により、新古典派経済学にどのような理論的インプリケーションが生じるのかを分析することが可能となったのである。

第五節　ミーンズと新古典派経済学――ミーンズの博士論文を巡って――

すでに述べたように、ミーンズは『近代株式会社と私有財産』において統計的な調査を行い、その証拠固めを行っている。そして、ミーンズは、同書の経済的な議論にかかわる全ての部分に貢献していると考えられている。このことは、バーリとミーンズが共同執筆した第四編においても同様であり、すでに論じた同書の結論部分で示された三つの可能性においても顕著に表れていると思われる。一九九〇年代に、精力的にミーンズ研究を行ったリー（F. S. Lee）は、同書のほとんど全ての経済的な議論についてミーンズが寄与しており、「一九三二年以前、バーリは経済的議論それ自体に、まったく無関心であった」とする。そして、バーリがミーンズに第四編の草稿を書かせ、バーリ独特のスタイルでそれを検討して書き直したということも大いにあり得る、としているのである[54]。

第四編においてミーンズは、所有と支配の分離が生じたことにより、これまで私有財産、富、利潤動機が伝統的な理論に対して有していた役割にさまざまなインプリケーションがもたらされる可能性を示している。また、ミーンズが行った統計研究は、近代株式会社の規模や経済的優位性を示しているため、新古典派経済学の理論的な概念の多くが妥当であるのかどうか、ミーンズは疑問を呈することになるのである。しかしながら、『近代株式会社と私有財産』の主要な理論的焦点は、所有と支配の分離のインプリケーションにおかれているため、ミーンズがこれらの問題を追求したのは、彼が学位論文の執筆に取りかかってからであった[55]。

ところで、一九三〇年の六月時点で、バーリの研究プロジェクトでのミーンズの統計調査は実質的に終了していた。このため、ミーンズは、ボンブライトの誘いで彼の持ち株会社研究を手伝うことになるが、ここでもミーンズは持ち株会社の経済的影響の分析に関して影響力をもつことになった[56]。

以上のように、ミーンズは、一九二七年以降、バーリやボンブライトの研究の手伝いをしていたが、それらが終了した後、数編の論文を専門誌に連続して発表することになる[57]。ハーバード大学経済学部は、これらの論文を組み合わせ、さらにこれらの論文の重要性を説明する部分を付け加えて博士学位請求論文を提出するように、ミーンズに勧めたのである。これに従い、ミーンズは「株式会社革命―近代株式会社といくつかの基礎的な経済的仮定に対するその影響―[58]」を一九三三年一月に提出した。彼の博士論文審査委員会は、メイスン（E. S. Mason）、チェンバリン（E. H. Chamberlin）、モンロー（A. E. Monroe）により構成されていた。

当初、同委員会は、ミーンズの博士論文を承認しなかった。これは、彼の博士論文の理論的な部分が十分に展開できていないと同委員会が考えたからであるとされている。しかし、同委員会がミーンズの博士論文を不合格にした真の理由は、リーとサミュエルス（W. J. Samuels）が述べるように、恐らく「ミーンズが事実に基づく証拠から得た理論的解釈が、大胆にも新古典派理論を攻撃していたため、博士論文審査委員会が彼の理論的解釈を好まなかった[59]」というのが真相であると思われる[60]。

結局、ミーンズの博士論文は、理論的解釈を除いた事実関係を論じた部分のみ、即ちミーンズの「株式会社革命論」の核心に関わる部分を削除して承認され、彼は一九三三年に学位を授与されることになる[61]。しかし、不思議なことに、何かの都合で、一九三三年のハーバード大学学位論文要旨集において、理論的な部分を含めた全体の要約が公表されることになってしまったのである[62]。では、ミーンズが当初提出した博士学位請求論文における主張はどのようなものであったのであろうか。彼の学位請求論文は、統計部分と理論的な部分に分けることができるが、以下、入手できる資料[63]を基に彼の「株式会社革命論」の中心部分を見ていきたい。

まず、統計部分については、すでに論じたようにアメリカの巨大株式会社の所有と支配がどの程度進んでいるのかを検証している。これは、『近代株式会社と私有財産』の第一編に示されているものとほぼ同様である。ミーンズが研究対象としたのは、アメリカの巨大株式会社二〇〇社（銀行を除く）であった。これは、一九二九年当時のアメリカにおいて、会社数で見れば、全体のわずか〇・〇七％にすぎなかったにもかかわらず、その規模について見ると、株式会社の富の四九・二％、事業用の富の三八％、国富の二二％がこの二〇〇社によって占められており、驚くほど株式会社の巨大化と経済力の集中が進んでいたからである。彼はこの二〇〇社の現状を明らかにすることにより、アメリカ経済の主要な部分が明らかになると考えた。彼は主として大株主の持ち株比率に従って会社支配の形態を五つに分け、アメリカ非金融会社最大二〇〇社の究極的支配を検証し、その結果が極めて印象的なものであることを示している。この二〇〇社のうち会社数で見れば六五％、資産で見ればば八〇％が、所有と支配が分離した経営者（持ち株比率二〇％未満）もしくは法的手段（株式を過半数所有せずに、ピラミッド型持ち株会社、無議決権株、議決特権株、議決権信託等を利用して会社を支配する）により支配されている、とするのである。これに対して、少数所有支配会社（同四九～二〇％）により支配されているものは、会社数で見れば二三％、資産で見れば一四％であり、過半数持株支配（同七九～五〇％）もしくは個人所有状態にある会社（同一〇〇～八〇％）は数で見れば一二％、資産で見れば六％であった。このように株式会社が展開したことにより、経済過程が、「アダム・スミスが想定した個人企業（private enterprise）による自由主義的状況から、近代株式会社による集団的な活動へと移行した[64]」ため、経済過程を再分析する必要がある、とミーンズは提案するのである。

次に、理論的な部分について見てみれば、ミーンズは、アダム・スミスが明らかにし、その後の研究者がより精緻化した一般的に認められている理論の中核部分を検証している。当時、一般に認められていたマーシャルの理論は、要約すれば、「完全に弾力的な価格を通じて供給が需要と同一になるという市場の仮定の下で、生産諸要素と消費方法に対して代替原理を適用したもの[65]」といえる。これは、流通市場（trading market）を前提としている。ミーンズ以前の研究者は、経済活動の取引（trading）部分を中心に評価しており、経済活動の管理的側面を最小限にしか評価しない傾向にある。これに対して、ミーンズは「近代の巨大株式会社においては、事業（business enterprise）は、主として管理やエンジニアリングの問題になっており、取引の側面は最小限まで減ってしまっている」とし、「生産が市場での取引を通じて組織化されたアダム・スミスの時代の取引経済（trading economy）」と対比して、エンジニアリング・エコノミーの時代になっているとする。エンジニアリング・エコノミーにおいては、「生産は管理的・工学的なベースで組織化される[66]」。したがって、ミーンズは、近代株式会社が台頭したことにより、取引ではなく管理によって価格が決定されるようになり、市場の性格が変わってしまったと主張する。つまり、一定期間固定される価格がマーシャルの理論が想定するような弾力的な価格に取り替わってしまい、古典派経済学者が定義したような形で、需要と供給が一致することはめったになくなってしまった。「むしろ、生産は固定価格で需要と均衡する傾向がある[67]」とするのである。なお、価格決定が需要と供給に従うという原則の終焉は、所有と支配の分離ではなく、主として企業の規模が巨大化したことに基づいていると考えられる。

これに対して、理論的な部分のもう一つの中心的な論点である「利潤動機の有効性」の問題についてミーンズの主張を見ると以下のようになる。新古典派経済理論において、剰余利潤（即ち、資本に対する利子や経営者報酬が差し引かれた後残った利益）は、二つの別々の役割を履行したことに対するリターンとしての機能を果たしている。①危険負担、および②企業利益を極大化するように企業を運営すること、である。所有と支配の分離が生じる以前の個人企業の段階では、この二つの役割は、一人の企業家により担われていた。しかし、近代株式会社が出現し、所有と支配の分離が進むにしたがって、この二つの役割は、二つの異なったグループに担われることとなった。即ち、「株主は資本を供給し、最終的なリスクを引き受ける。支配者（control）は、企業に対して最終的な権限（authority）を行使し、事業活動に対する責任を負う[68]」ことになったとするのである。

以上のような認識に基づいて、ミーンズは、仮に地域社会の繁栄を進めるように会社の経済活動を向かわせる指導原理に、利潤動機がなるとするなら、利潤の配分は、以下のようなものになる必要があると主張する。即ち、所有者は彼らが負ったリスクを償うのに必要な額の利潤を与えるべきであり、残りは、極めて効果的な経営を行い、会社を指揮したことに対する誘因として支配者である経営者に回されるべきだということである。しかし、ミーンズは、「支配者に与えられるそのように多額の利益は、恐らく収穫逓減を引き起こすと考えられるので、（近代株式会社に関する場合、）利潤が企業活動を誘導する社会的に効果的な手段となるかどうかという問題が生じる[69]」とする。新古典派理論では、利潤動機は社会的な便益につながり、またその効果的な原動力になっていると考えられている。しかし、ミーンズは、大企業と所有と支配の分離が支配している経済においては、経済活動の指揮に関して、新古典派理論が描いた利潤動機を単純には信じることができないと考えたのである。

以上、ミーンズが当初提出した博士学位請求論文における主張を見てきた。近代株式会社がアメリカ経済において支配的な存在になり、また所有と支配の分離が進むことにより、新古典派理論が基づいているマーシャルの代表的企業のような概念が重要な分析ツールとは言えなくなってしまった。これが、ミーンズの当初提出された博士学位請求論文の中心的な主張であると考えられるのである。

第六節　おわりに

以上、株式会社論に関係する部分を中心にミーンズの研究を考察するとともに、ミーンズの側からバーリとの共著『近代株式会社と私有財産』について見てきた。ミーンズの研究業績には、大別すれば二つの大きな発見・貢献があると考えられる。まず、第一には、アメリカ経済において巨大株式会社が極めて重大な役割を果たすようになっており、特に非金融最大二〇〇社において株式所有の分散が生じ、その結果、所有と支配の分離が進んでいることを示した点である。従来の考え方では、所有と支配は一人の企業家により担われており、企業家は、自らの利潤を極大化させることを目的としているとされていた。しかし、所有と支配の分離が進んだことにより、財産の理論と利潤の理論との間の関係に変化が生じ、巨大株式会社の支配者たる経営者が株主（所有者）のために利潤極大化を目的に企業経営を行うという前提の妥当性について、疑念が示されたのである。

次に、第二には、近代株式会社の台頭により、取引ではなく管理により価格が決定されるようになり、市場の性格が変わってしまったことが示された点である。この点については、農務長官に提出された報告書「産業製品の価格とその相対的非柔軟性[70]」において、管理価格（administered price）という言葉を用い、より明確に述べられている。[71]ミーンズは、管理価格とは「管理的行動により設定され、一定期間、一定に保たれる価格」であり、「会社が販売を行おうとする公示価格を維持する場合や、買い手が購入する意思をもつかどうかにかかわらず、会社が単純に自己価格（own prices）を定めている場合」に存在するとする。そして、「経済機能を極めて混乱させるという結果をもたらし、自由放任政策の失敗に対して大きな責任を負っている柔軟性のない管理価格が、アメリカ経済に広く存在している[72]」とする。管理価格の出現は、古典派経済学者の理論の枠内では説明ができないものである。このため、ミーンズは管理価格についての新しい経済理論を展開していくことになる。[73]

では、『近代株式会社と私有財産』を含めミーンズの研究業績は、これまでどのような評価を受け、その後の株式会社論や経済思想の展開にどのような影響を与えたのであろうか。以下、この問題について検討を加える。『近代株式会社と私有財産』は、公刊当初はかなり評判が高かった。[74]例えば、二〇世紀前半のアメリカで最も影響力のある歴史家の一人であったビアード（C. A. Beard）は、ミーンズの「最高次数の広範囲に及ぶ統計的検討[75]」と同書が「調査と熟考の見事な成果」であることを称賛し、合衆国憲法を批准して、連邦政府樹立を訴えた『フェデラリスト・ペーパーズ』以来、「アメリカの政治的手腕に関係する最も重要な著作物[76]」と評した。また、法学者ウォルムセ

(M. Wormser) も「所有と支配の分離が株式会社発展の論理的帰結であるという主張は、『豊富な証拠により申し分なく実証されている』[77]」としていた。そして、所有と支配の分離の進行については、一九三五年のクルム (W. L. Crum) の研究[78]や一九三八年のゴードン (R. A. Gordon) の研究[79]等により支持されている。そして、ゴードンはこの研究をさらに推し進め、『ビジネス・リーダーシップ』(一九四五年) において、「伝統的なビジネス・リーダーの報酬―事業所有権 (business ownership) から生じる利益―は、アメリカ最大規模の株式会社の大多数の経営者にとって第一の動機ではなくなってしまっている[80]」と主張しており、これはミーンズの主張を展開させたものであるといえる。

以上のように、公刊当初は『近代株式会社と私有財産』は、好意的に受け止められていたが、時代を経るにつれ否定的な評価も多く見られるようになる。これは、一言でいえば、「バーリ＝ミーンズという弓から放たれた矢は、これまで正統派経済理論のよろいを完全に貫通したことはない[81]」というものである。例えば、スティグラー (G. J. Stigler) とフリードランド (C. Friedland) は『近代株式会社と私有財産』公刊五〇周年を記念して行われたフーバー研究所主催のコンファレンスを記録した論文集において、バーリ＝ミーンズの主張を辛辣に攻撃している。スティグラー等は、ミーンズが行った所有と支配の分離に関する統計分析について、「散漫で断片的なものである」と批判し、バーリ＝ミーンズの「経営者と株主の利害が広範囲にわたり分離している」という主張に関しても、企業幹部が実際にどのようなインセンティブを有しており、また行動をとっているのかについて、『近代株式会社と私有財産』全体を通じて「体系的な注意が与えられているわけではない[82]」とする。そして、彼らは、彼ら自身で行った株式会社に関する統計分析の結果を提示し、経営者報酬と企業の収益性に関して、経営者支配型の会社と所有者支配型の会社で優位な違いは存在しないと主張する。[83]このため、彼らは、「経済理論の中心的な学派（tradition）が『近代株式会社と私有財産』を完全に無視して研究し続けている場合は、中心的な学派が、（二つの会社間に優位な違いがないという…引用者）事実を恐らく本能的に認識していた[84]」と結論付けるのである。このようなスティグラー等の主張からもわかるように、「現代の新古典派理論に対するバーリ＝ミーンズの影響は、実際にはわずかなものでしかなかった[85]」といえ、特にシカゴ学派の研究者についてそのようにいえると思われる。

では、『近代株式会社と私有財産』を含めミーンズの研究業績は、どのような形で引き継がれていったのか。結論的にいえば、『近代株式会社と私有財産』は、制度論的な経営学を含め制度学派の経済学者による株式会社分析の基礎を形成しているといえる。その代表的な例としては、ガルブレイス（J. K. Galbraith）がいる。例えば、『新しい産業国家』（一九六七年[86]）は、『近代株式会社と私有財産』の分析を二〇世紀後半のアメリカを分析することで補完したものであるといえる。ガルブレイスは、テクノクラートの台頭の結果、経営者と株主の目的が一致しなくなったとし、またアメリカにおいて新古典派理論が想定するような完全競争に合致するような産業が現実にはほとんど存在しなくなっていると主張した。ガルブレイスはまた、『権力の解剖』（一九八三年[87]）において、一つの権力源として組織が台頭し、産業権力の源泉として個人と財産が同時に後退したことを強調している。個人の後退は、有力な個人が経営者チームに置き換わり、企業家が、匿名の組織人に席を明け渡したため生じる。一つの権力限としての財産の後退は、①財産の相続を通じて株式所有が分散すること、②企業を経営するという職務の複雑性が増大し、専門経営者が必要になったことの結果である。したがって、このような変化は、伝統的な経済理論に対して重要な意味をもつことになるのである。

次に、「管理価格」については、代表的な研究では、チャンドラー（A. D. Chandler）により引き継がれ、発展されたといえる。チャンドラーは、『経営者の時代』（一九七七年）において、歴史的に大企業がどのように台頭してきたのかについて調査を行い、管理価格が存在することを示している。彼は、「経済活動の調整と資源の配分において、現代企業は市場メカニズムに取り代わった。経済の多くの部門において、経営者による見える手が、アダム・スミスが市場要因による見えざる手として言及したものに置き換わってしまった[88]」とした。このチャンドラーが主張した経営者の「見える手」により管理的調整が行われているという説は、近年では、ラングロア（R. N. Langlois）の「消えゆく手（vanishing hand）」説等により批判を受けている。チャンドラーが想定した企業は、大規模で垂直統合された企業であり、少数の専門経営者により経営されているというものであった。これに対して、ラングロアの主張は、チャンドラーの所論を評価し、修正・再評価したものであるが、「一九九〇年代に生じた恐らく最も重要な組織進展は、垂直分裂（vertical disintegration）と専門化である[89]」とする。近年、モジュラー化が進展しているが、これにより取引コストが低下し、また「モジュール方式は、不確実性の衝撃を和らげる経営者と統合（integration）の必要性を低減させる。[90]」このため、ラングロアは、「中心的な傾向として、経営者の緩衝材としての機能は、モジュール方式のメカニズムや市場へと展開している[91]」とする。したがってラングロアは、二一世紀においては、チャンドラー的な企業が変化し、アダム・スミスが想定した市場に回帰すると考えているのである。

最後に、ポスト・ケインズ主義経済学者アイクナー（A. S. Eichner）による一九八〇年時点でのミーンズ評を引用し、本章を終えておきたい。ミーンズの「二つの発見―所有と支配の分離の進展と管理価格の普及―は、その後、メジャーな経済学研究科の主として外側にいる人々やミーンズ自身が『株式会社革命』と名付けたことの社会的重要性を理解したいと願う人々にとって、出発点となっている。アカデミックな経済学者、特に自らを理論家と考えている経済学者にほとんど相手にされなかったにもかかわらず、ミーンズの研究は、公共政策において重大な影響力を有していた[92]」と[93]。

（今西　宏次）

注

（1）Berle, A. A. and G. C. Means, *The Modern Corporation and Private Property*, New York, The Macmillan Company, 1932.（北島忠男訳『近代株式会社と私有財産』文雅堂銀行研究社、一九五八年。）

（2）わが国におけるバーリ研究でまとまったものとして、正木久司・角野信夫『経営学―人と学説―バーリ』（同文舘出版、一九八九年）があげられる。また、近年、シアトル大学法学部（school of law）に The Adolf A. Berle, Jr. Center on Corporations, Law & Society が立ち上がっており、その設立記念シンポジュウム〝バーリの足跡（In Berle's Footsteps）〟が二〇〇九年一一月に開催されている（このシンポジウムの報告論文は、*Seattle University Law Review*, Vol. 33, No. 4, 2010. に掲載されている）。また、同センターは、その後もバーリに関連するシンポジウムを毎年のように開催しており、その報告論文も *Seattle University Law Review* に掲載されている。

（3） わが国において、直接ミーンズに関する研究を行ったものとしては、以下の三つを上げることができる。①北島忠男「ガーディナー　C・ミーンズの『管理性インフレーションと社会政策』」『明大商学論叢』第五三巻、三・四・五・六号、一九七〇年（ただし、この論文は「一　はじめに」として北島教授の解説が加えられているが、他の部分はミーンズ論文の翻訳）。②十川広国「G・C・ミーンズの『企業理論』について―『会社革命論』を中心として―」『三田商学研究』第一五巻一号、一九七二年。③正木・角野『前掲書』のミーンズに関する節（一一九―一三四頁）。その他にミーンズの著書の翻訳書として、Means, G. C., *Pricing Power and the Public Interest*, New York, Harper, 1962.（伊藤長正他訳『企業の価格決定力と公共性』ダイヤモンド社、一九六二年）がある。

（4） Samuels, W. J. and S. G. Medema, *Gardiner C. Means: Institutionalist and post Keynesian*, New York, M. E. Sharpe, 1990, p. 4.

（5） Lee, F. S. and W. J. Samuels, eds., *The Heterodox Economics of Gardiner C. Means: a Collection*, New York, M. E. Sharpe, 1992, Preface.

（6） Balog, C. E., *Adolf A. Berle, Jr.: The Intellectual as Modern Priest*, ProQuest Dissertations and Theses, 1973, p. iii.

（7） 注（6）の文献に加え、以下のホームページ、文献を参照した。Adolf A. Berle, Jr. [available at http://www.law.seattleu.edu/Centers_and_Institutes/Berle_Center/About_Berle.xml] (last visited July 1, 2012)]; Schwarz, J. A., *Liberal: Adolf A. Berle and the Vision of an American Era*, New York, Free Press, 1987.

（8） Balog, *op. cit.*, p. iii, p. 1.

（9） "Adolf A. Berle," *Columbia Law Review*, Vol. 64, No. 7, 1964, p. 1372.

（10） 正木・角野、前掲書、一九頁。

（11） Rosen, E. A., *Hoover, Roosevelt, and the Brains Trust*, New York, Columbia University Press, 1977, p. 198.

（12） 正木・角野、前掲書、二〇頁。

（13） Schwarz, *op. cit.*, p. 16. なお、同書（p. 14）によると、バーリがロー・スクールに入学したのは一九一三年、注（9）の文献によると一九一六年にバーリが取得した学位は、法学士（LL. B.）とされている。

（14）正木久司「アドルフ・A・バーリ（一）」『同志社商学』第三七巻第四号、一九八五年、九八頁。

（15）Berle, A. A., Sr., *The School in the Home*, New York, Moffat, Yard and Company, 1912; Berle, A. A., Sr., *The Teaching in the Home*, New York, Moffat, Yard and Company, 1915. この二冊は、近年再版され、二〇一二年時点で入手可能である。

（16）Balog, *op. cit.*, p. 3.

（17）正木・角野、前掲書、二〇—二一頁。

（18）同上書、二一—二二頁。

（19）同上書、二二—二三頁。

（20）Eichner, A. S., "Portrait Gardiner C. Means," *Challenge*, January–February 1980, p. 56.

（21）Lee and Samuels, *op. cit.*, p. xv.; Samuels and Medema, *op. cit.*, p. 7.

（22）Gruchy, A. G., *Modern Economic Thought*, New York, A.M. Kelley, 1967, p. 474.

（23）Schwarz, *op. cit.*, p. 51.

（24）Lee and Samuels, *op. cit.*, p. xv–xvii.

（25）Samuels and Medema, *op. cit.*, p. 9.

（26）Lee, F. S., *Post Keynesian Price Theory*, Cambridge, Cambridge University Press, 1998, p. 19.

（27）*Ibid.*, p. 20.

（28）Bonbright, J. G. and G. C. Means, *The Holding Company*, New York, McGraw-Hill, 1932.

（29）Eichner, *op. cit.*, p. 57. なぜ、公益企業による持ち株会社を法律により規制する必要があったのかについては、拙稿「一九二〇年代のアメリカにおける公益企業金融」（『同志社大学大学院商学論集』第二七号、一九九二年）を参照されたい。

（30）Lee, *op. cit.*, p. 20.

（31）Lee and Samuels, *op. cit.*, pp. xviii–xix.; Eichner, *op. cit.*, p. 57.; Means, G. C., "Theoretical Chapters from Proposed Dissertation," in Lee and Samuels, *op. cit.*, pp. 6–31.

(32) Lee, *op. cit.*, pp. 20–21.

(33) *Ibid.*, p. 21.

(34) Lee, F. S., "The Modern Corporation and Gardiner Means's Critique of Neoclassical Economics," *Journal of Economic Issues*, Vol. XXIV, No. 3, 1990, p. 673.

(35) ミーンズは、妻キャロラインと一九三六年に以下の書物を出版している。Ware, C. F. and G. C. Means, *The Modern Economy in Action*, Harcourt, Brace, 1936.

(36) Lee and Samuels, *op. cit.*, pp. xxx–xxxi.

(37) Lee, *Post Keynesian Price Theory*, p. 20.

(38) Berle and Means, *op. cit.*, p. 8.（北島訳、前掲訳書、八頁。）なお、翻訳文については、以下での引用を含めて、筆者が必要に応じて修正している。

(39) *Ibid*, pp. 354–356.（同上訳書、四四七―四五〇頁。）

(40) Berle, A. A., *Studies in the Law of Corporation Finance*, Chicago, Callaghan, 1928, p. 190.

(41) Schwarz, *op. cit.*, p. 52.

(42) Eichner, *op. cit.*, p. 57.

(43) Lee, *Post Keynesian Price Theory*, p. 21; Means, G. C., "The Separation of Ownership and Control in American Industry," *Quarterly Journal of Economics*, Vol. 46, No. 1, 1931.

(44) Eichner, *op. cit.*, p. 57. 三つの概念を区別した論文をミーンズは一九三一年に執筆している（注(43)を参照)。しかし、バーリの一九三二年の論文（"For Whom Corporate Manager are Trustees," *Harvard Law Review*, Vol. 45, 1932.）では、経営者権力を株主から信託されたものとしているため、一九三二年の論文執筆時点でバーリが三つの概念に区別することに十分納得していたのかどうかは不明である。しかし、すでに述べた「株式会社の新概念」の部分やその他共同執筆部分での記述から、バーリは、ミーンズの考えからかなりの影響を受けたと考えられる。

この点に関連して、ブラットンとウェヒターは、一九三二年初めの大統領選挙において、バーリがその後、ルーズベルトの「ブレイン・トラスト」と呼ばれるものの中心メンバーの一人となり、国家による統制を前提とするようになったため、彼の考えが変化したと主張している（Bratton, W. W. and M. L. Wachter, "Tracking Berle's Footsteps: The Trail of The Modern Corporation's Last Chapter," *Seattle University Law Review*, Vol. 33, 2010, p. 855.）。この問題については、拙稿「世界金融危機とコーポレート・ガバナンス―歴史的な視点を含めた予備的な研究として―」（『同志社商学』第六三巻一・二号、二〇一一年）で論じているので、参照されたい。

（45） Berle and Means, *op. cit.*, p. 113.（北島訳、前掲訳書、一四八頁。）

（46） *Ibid.*, p. 112.（同上訳書、一四七頁。）

（47） Means, "The Separation of Ownership and Control…," p. 70.

（48） Berle and Means, *op. cit.*, p. 112.（北島訳、前掲訳書、一四七頁。）

（49） *Ibid.*, p. 112.（同上訳書、一四七頁。）

（50） *Ibid.*, p. 66.（同上訳書、八九頁。）

（51） *Ibid.*, p. 119.（同上訳書、一五五頁。）

（52） *Ibid.*, p. 196.（同上訳書、二七八頁。）

（53） Lee, *Post Keynesian Price Theory*, p. 22.

（54） *Ibid.*, p. 23.

（55） Lee and Samuels, *op. cit.*, p. xxi.

（56） *Ibid.*, p. xxi.

（57） Berle, A. A. and G. C. Means, "Corporations and the Public Investor," *American Economic Review*, Vol. 20, 1930; Means, G. C., "Growth in the Relative Importance of the Large Corporation in American Economic Life," *American Economic Review*, Vol. 21, 1931; Means, G. C., "Stock Dividends, Large Scale Business and Corporate Savings: A Criticism," *American Economic Review*, Vol. 21, 1931; Means, G. C., "Separation of Ownership and Control in American Industry," *Quarterly Journal of Economics*, Vol. 45, 1931.

（58） Means, G. C., "The Corporate Revolution: The Modern Corporation and Its Effect on Certain Fundamental

Economic Postulates."

(59) Lee and Samuels, *op. cit.*, p. xxii.

(60) これに関して、ミーンズは一九七五年に次のように述べている。「私の論文審査委員会は、私の『理論的含意』が気に入らなかった。委員会は、私の論文の統計部分は受け入れるが、理論的な部分については、全面改訂されなければ受け入れられないと述べた。このため、私は、理論的な部分については引き下げることにした。しかし、私が示した理論的含意は、今日、広く受け入れられている。このような拒絶が起こったのは、私の理論的な分析の質に原因があるのではなく、世間に認められたパラダイムに影響を与えることは困難であるという特徴に起因していると私は以前から考えている」と。(Means, G. C., "The Veblen-Commons Award," *Journal of Economic Issues*, Vol. 9, 1975, p. 153.)

(61) ミーンズは不合格になった理論的な部分をその後、出版する価値がある状態に書き直す試みを行わなかった。このため、その中に、第六節で取り上げる管理価格のような多くの理論的なアイデアが含まれているにもかかわらず、長年にわたって埋もれたままになっていた。しかし、フランクリン・D・ルーズベルト図書館の公文書保管人がこの部分を見つけ出し、Lee & Samuels 編『前掲書』の第二章に、"Theoretical Chapters from Proposed Dissertation" として収録されている。

(62) ミーンズの博士論文要旨は、以下の二つの文献に再録されている。Means, G. C., *The Corporate Revolution in America*, The Crowell Collier Publishing Company, 1962.; Means, G. C., "The Corporate Revolution," in Lee and Samuels, *op. cit.*

(63) Means, *The Corporate Revolution in America*.; Means, "Theoretical Chapters from Proposed Dissertation."; Berle and Means, *op. cit.*

(64) Means, *The Corporate Revolution in America*, p. 17.

(65) *Ibid.*, p. 18.

(66) Means, "Theoretical Chapters from Proposed Dissertation," p. 11.

(67) Means, *The Corporate Revolution in America*, p. 18.

(68) Means, "Theoretical Chapters from Proposed Dissertation," p. 24.

(69) Means, *The Corporate Revolution in America*, p. 19.

(70) Means, G. C. "Industrial Prices and Their Relative Inflexibility," U. S. Senate Document 13, 74th Congress, 1st Session, Washington, D. C., 1935.

(71) 「管理価格」は、一般的には、一九三五年の報告書「産業製品の価格とその相対的非柔軟性」において初めて用いられた（小林好宏『管理価格』ダイヤモンド社、一九七一年、八頁）と考えられているが、実際には、一九三三年にハーバード大学に提出された当初の博士学位請求論文において、初めて用いられている（Means, "Theoretical Chapters from Proposed Dissertation," p. 14.）。

(72) Means, "Industrial Prices and Their Relative Inflexibility," p. 1.

(73) これについては、Means, Pricing Power and …,（伊藤他訳、前掲訳書）を参照されたい。

(74) Samuels and Medema, *op. cit.*, p. 130. なお、『近代株式会社と私有財産』は、一九三二年に公刊されて以来二〇年で、約三万五〇〇〇冊販売されている（Schwarz, *op. cit.*, p. 61.）。

(75) Quote from Katz, B. S. and R. E. Robbins, *Modern Economic Classics*, New York , Garland, 1988, p. 212.

(76) Schwarz, *op. cit.*, p. 16 (quoting C. A. Beard, "Who Owns and Who Runs the Corporations," New York Herald Tribune, Feb. 19, 1933.)

(77) Samuels and Medema, *op. cit.*, p. 130.

(78) Crum, W. L., "The Concentration of Corporate Control," *Journal of Business*, Vol. 8, 1935.

(79) Gordon, R. A., "Ownership by Management and Control Groups in the Large Corporations," *Quarterly Journal of Economics*, Vol. 52, 1938.

(80) Gordon, R. A., *Business Leadership in the Large Corporation*, Washington, D. C., Brookings, 1945, p. 312.（平井・森訳『ビジネス・リーダーシップ』東洋経済新報社、一九五四年。）

(81) Samuels and Medema, *op. cit.*, p. 132. バーリ＝ミーンズの考えと近代の正統派経済理論のそれとがどのように食い違っているのかについては、フーバー研究所の主催で一九八二年に開かれたコンファレンス（そこでの報告内容は、*Journal of Law and Economics*, Vol. 26, 1983. に掲載されている）を参照されたい。

（82） Stigler, G. J. and C. Friedland, "The Literature of Economics: The Case of Berle and Means," *Journal of Law and Economics*, Vol. 26, 1983, p. 238.

（83） *Ibid*., pp. 249–252.

（84） *Ibid*., p. 259.

（85） Samuels and Medema, *op. cit*., p. 133.

（86） Galbraith, J. K., *The New Industrial States*, Boston, Houghton Mifflin, 1967.（斎藤精一郎訳『新しい産業国家（上）（下）』講談社、一九八四年。）

（87） Galbraith, J. K., *The Anatomy of Power*, Boston, Houghton Mifflin, 1983.（山本七平訳『権力の解剖』日本経済新聞社、一九八四年。）

（88） Chandler, A. D., *The Visible Hand: The Managerial Revolution in American Business*, Harvard, Harvard University Press, 1977, p. 1.（鳥羽欽一郎・小林袈裟治訳『経営者の時代―アメリカ産業における近代企業の成立―（上）』東洋経済新報社、一九七九年、四頁。）

（89） Langlois, R. N., "The Vanishing Hand: the Changing Dynamics of Industrial Capitalism," *Industrial and Corporate Change*, Vol. 12, No. 2, 2003, p. 373.

（90） *Ibid*., p. 375.

（91） *Ibid*., p. 376.

（92） Eichner, *op. cit*., p. 56.

（93） 博士学位取得後、ミーンズは、ニューディール期には農務省の顧問や国家資源委員会などの政府の経済問題を担当するスタッフをしており、戦後は、民間のエコノミストとして活躍した。彼は、結局、アカデミックな経済学者になることができなかったのである。これは、彼の経済学が異端であったことが大きな原因であると思われる。

第三章　バーリの株式会社論の展開

第一節　はじめに

数万人の従業員を擁する巨大株式会社は一体誰のものなのか。この問題は今日のコーポレート・ガバナンス論の主要なテーマの一つである。そしてこの議論の出発点となったのが、まさにバーリ＝ミーンズの『近代株式会社と私有財産』（一九三二年）[1]であった。当時はまだ governance（統治）という言葉は使われていなかったが、株式会社は誰のために経営されていくべきなのかというガバナンス論の問題意識は、すでにこの作品から鮮明に読み取れる。つまりガバナンス論とはこの一〇年、二〇年という近年の議論なのではなく、すでにバーリ＝ミーンズ以来八〇年以上の歴史をもっていると見るべきである。

ではバーリ＝ミーンズは、巨大株式会社は一体誰の利益を重視した経営を行っていくべきだと考えたのであろうか。株主か、経営者か、それとも社会全体の利益を重視すべきなのか。彼らは同書の第四編の最後の部分で、会社は誰のものかと問うた上で、所有者である株主でもなければ支配者である経営者でもなく、「第三の道」があると主張した。即ち巨大株式会社はさまざまな利害関係者の要求をバランスさせるような、「純粋で中立的なテクノクラシー」になるべきだと結論づけたのである。これをもう少し分かりやすく言えば、会社は単に株主や経営者の利益のためではなく、利害関係者全体の利益を調和させるべき存在でなければならないというのである。これは今日のステークホルダー論にも通じる主張であり、株式会社の性格が私有財産→準公的会社（quasi-public corporation）へと転換したこと即ち株式会社革命の到来を主張するものとなっている。このように見ると、バーリ＝ミーンズはある意味ではステークホルダー論の元祖と位置づけてよいのかも知れない。とりわけバーリは、その後も株式会社研究特に会社権力論の研究に精力を傾け、『二十世紀資本主義革命』（一九五四年）、『財産なき支配』（一九五九年）、『アメリカ経済共和国』（一九六三年）、『パワー』（一九六七年）といった注目すべき著作を次々と著していった。したがってバーリこそが会社支配論、ガバナンス論の真のパイオニアであり、『近代株式会社と私有財産』で展開された経営者支配論、株式会社革命論の主張も、主としてバーリの構想ではないかという印象さえもってしまう。

しかし、すでに前章で見た通り、事実としては「経営者支配」の概念はバーリというよりはすぐれてミーンズのものであった。しかもそれ以上に慎重に見ていかねばならないのは、『近代株式会社と私有財産』の主張は一般的に、株式会社の巨大化→株式分散→経営者支配→準公的会社即ち上述の「第三の道」論に見られるように、巨大株式会社は経営者支配のもとで全体の利益を考慮すべき社会的存在となったと理解されているのであるが、実はバーリのそもそもの問題意識はそれほど単純なものではなかったという点である。それが最も端的に現れているのが、バーリ＝ドッド論争であろう。『近代株式会社と私有財産』が出版される直前に、この二人の著名な会社法学者の間で闘わされた論争は、いわゆるステークホルダー論を展開するドッドに対して、バーリはむしろ会社は原理的に株主のものであるという株主主権論に沿った議論を展開している。しかし、これではバーリではなくドッドの方こそが「第三の道」論を主張していることになり、話が混乱してしまう。バーリはなぜこの論争で株主の権利に拘ったのであろうか。またバーリは本当に株主主権論者なのであろうか。さらにバーリは株式会社のガバナンスはどうあるべきだと考えていたのであろうか。この章では『近代株式会社と私有財産』を軸にバーリの問題意識を明確にした上で、彼が生涯をかけて取り組んだ株式会社研究特に会社権力論の展開を跡づけていくことにする。

第二節　バーリの問題意識と株式会社の現実

一　第二編と第三編の位置と意味

『近代株式会社と私有財産』は四編からなっているが、すでに本書でも指摘されている通り、この本はバーリとミーンズの共著だとは言っても第二編「諸権利の再編成（regrouping of rights）」と第三編「証券市場における財産（property in the stock markets）」はバーリが単独で執筆したものである。これに対して、第一編「財産の変革」はほぼミーンズの手によるものであり、両者の共同執筆の部分は第一編第一章「過渡期の財産」と第四編「企業の改組」となっている。財産の変革、経済力の集中、株式分散、経営者支配といったわれわれにお馴染みのキーワードが出てくるのは主にミーンズによって書かれた第一編であり、この本のテーマと結論を手短に知ろうとするならば、第一編と第四編を続けて読めばそれで十分だとも言える。実際、わが国でのバーリとミーンズの取り上げられ方はこの部分に集中していたと言っても過言ではなかろう。(2) これに対して、ページ数では全体の半分以上を占める第二編と第三編ではたして何が論じられ、それはこの本においてどのような位置と意味を持っているのであろうか。結論から先に言えば、この第二編と第三編こそが会社法学者バーリの株式会社に対する危機感が最も凝縮されて表明されている部分だということになる。つまり経営者支配も株式会社革命も、バーリが執筆したこの二編の議論とセットになって初めてその現状と課題の全体像が正しく理解出来るということである。(3) そうであればこの部分はもっと注意深く読まれてしかるべきであるが、会社法学者ゆえに株式の種類やその権限などに関する専門的な叙述が多い文章は初学者には馴染みにくく、しかもインパクトのある第一編と比べると内容的に地味な印象は拭えず、そうしたことも手伝ってかこれまで等閑視されてきた印象が強い。

そこで本節では改めてバーリがこの第二編と第三編で何を議論しているのか、その内容を見ておくことにする。そうすることで当時のバーリの株式会社論をめぐる問題意識を知る手がかりが得られるであろう。

二　株主の権利とその弱体化

周知の通り、一九世紀後半から二〇世紀に至り株式会社は巨大化する。人々の財産が株式会社というシステムを通じて集中化されたからであるが、それに伴って支配もまた集中化され強大なものになっていった。そして所有者＝株主たちは最初は州による厳格な監督のもとで株式会社の財産を支配していたが、次第に支配者の手にその資本を譲り渡してしまった。つまり一般の株主は所有者としての自らの権限を手放してしまったのである。では当時の株式会社では一体何が起きていたのであろうか。どうして株主は支配権を手放すことになったのであろうか。

そこでまず、株主がどう位置づけられていたかを見ておこう。株主とは基本的に自らの利益を適切に守ることが出来る資本家であると想定されていた。つまり株主は自分の利益は自分で守ることができると考えられていたのである。ただし、一般大衆、会社債権者に対するほどではないにしろ、株主の権利を保護するための手段もそれなりに講じられていた。それは次のようなものであった。①企業は目的を明確にするように求められ、その活動範囲は注意深く限定されていた。②資本の拠出は厳しく監督された。③厳格な資本構成が取られた。④最終的な支配権は株主が持ち、会社の方針の大きな変更は満場一致で決められた。⑤株主だけが新たな投資を行う権利を有し、株主には新株引受権が与えられた。⑥配当は事業から生まれた利潤によって支払われねばならなかった。以上の規定はいずれも株主の権利を保護するためのものであり、会社が株主の権利を損なうことがないように厳しくコントロールされていた。そしてこうした保護規定は実際に一定の効果を発揮していた。

ところが株式会社の大規模化と株主数の増大に伴って、株主保護の規定は次第に崩れていくことになる。実はそれを積極的に推し進めたのが各州による一般会社法（general incorporate statute）の制定であった。アメリカの各州は、自分の州に会社を誘致するために会社法を寛大にし、その中身を大幅に自由化した。[4] と言うのも、各州にとっては自分の州への株式会社の誘致そのものがビジネスとなったからである。したがって、設立発起人はより広範な自由裁量を認めてくれる州において競って会社を設立した。つまり会社の設立に当っては厳しい規制を受けるどころか、むしろ自分たちに都合のよい内容の定款を作成することが可能になったのである。[5] なお、こうした動きは株主一般の利益のためではなく、会社を支配する特定の株主の利益を重視するものであった点は注意を要する。つまり株主に対する保護規定がどんどん緩和されたことで、株主一般には従来よりもむしろ少ない権利しか与えられなくなったのである。

では、株主の権利はどのようにして失われていったのであろうか。そして誰がその権利を行使するようになったのであろうか。まず一般の株主の代わりに会社の最終意思決定を担うようになったのは、経営者あるいは〝支配者〟[6] であった。つまり、一般の株主は会社の経営から切り離されたのである。株主の権利の弱体化は、具体的には以下のような方法によって推し進められた。

まず第一は、委任状制度の導入である。これは株主の便宜を図るという側面がある一方で、株主の権力を会社から切り離してしまう有力な手段となった。支配力を持とうとする人々にとってはこの制度は誠に好都合なものであり、定款に組み込まれて急速に広がっていった。第二は、株主が取締役を自由に解任する権利を失ったことである。任期中に限っては取締役は解任されることがなく、完全な自由裁量権をもつに至った。第三は、意思決定は多数決で行われるようになり、会社の重要な決定での株主の満場一致が必須ではなくなったことである。第四は、株主の議決権を数年にわたって完全に委託する議決権信託や無議決権株の発行が可能となったことである。第五に、出資に対する州の監督が排除されたことである。第六に、株主の出資をめぐる権限即ち既存株主がもっている新株引受権が制限されたり排除されたりしたことである。第七は、配当制限が緩和されたことである。極端な場合、たとえ利潤がなかったとしても払込剰余金さえあれば、経営者は自由裁量でここから配当することが可能になった。第八は、株主の固定的参加権の排除がある。これは既存株主の権利が多数者の意見で変えられてしまう可能性があることを指す。

こうした流れから看取できるのは、株主が所有者としてその財産を自ら機能させ、収益を上げ、また処分するという伝統的な「財産の論理」が、株式会社から急速に失われていったという点である。しかも本来すべての株主に平等に付与されるべき参加権の面でも、権利の弱体化が進んでいった。例えば、相当額の拠出に基づかない追加的な株式発行によって既存株主の比例持分が減少してしまうことを「水増し」と呼ぶが、これによって既存株主の権利は希薄化されてしまった。それだけではない。株主にとって権利の内容が明確でなく、その最終的な権限の付与は取締役会が決めてしまうという「参加件の不確定」な証券までが発行されたのである(7)。

さて、ここまで長々と説明してきたが、要するにアメリカでは、一九世紀後半から各州が設けた一般会社法によって、株主一般の権利の弱体化が広範囲に進んでいったということである。つまり株主に対する保護が次々と奪われていく一方で、株主の権利は支配者の権利へとその比重を移してきたのである。そのポイントは、定款に明記されてさえいれば、経営者や〝支配者〟は自分の都合に合わせた経営の自由裁量が可能になった点にある。このように、株主の権利が保護されるどころかむしろ希薄化されてしまった背景には、すでに述べた通り会社設立が各州においてビジネスそのものになってしまったことが挙げられるが、こうした事態を招いたより根本的な理由とは何か。この点に関してバーリは次のように指摘している。「株主の地位を弱体化させた原因は、株主に経営する能力がないこと、そして同じくその仕事を奪い取ろうとする〝支配者〟の明らかな意思によるものだ、というのはほぼ確かであろう(8)」。実際、ここで言われている株主の経営能力不足の問題は十分想像できることである。しかも、自ら経営しないのはよいとしても、株主がそもそも定款などの会社の基本的な取り決めに最初からどれだけ関心を持っていたかとなるとそれは大いに疑問である。株主は建前上、「自由契約の理論」に則って会社法や定款の条文に同意し受け入れたものと見なされる。しかしそれはあくまで法のフィクションであり、建前である。バーリは「株主が会社の定款を読まないことは確かなことであり、たとえ読んだとしても理解できなかったであろう。そして複雑な会社法の条文に直面したらまったく手がつけられないに違いない(9)」と、多数の株主の現状を率直に述べている。多くの株主は自らの権利が希薄化、弱体化していることに気づきさえもせず、また後でそれが分かったとしても打つ手がなかったのである。そうした状況の中で、経営者や〝支配者〟が新たな権力者として台頭してくることは十分に予想できた。

三　信託権力としての会社権力

さて、いまや株式会社では所有者である株主に代わって、経営者や〝支配者〟が実質的な権利を行使するようになって来た。では経営者とはそもそも何か、また、法律上、どのような地位にあるのだろうか。まず経営者とは「法律によって、会社の事業と資産に対して、支配（domination）を行使する義務を公式に引き受けた人たちの集団」と定義され、具体的には取締役会と上級執行者（senior officer）のことを指す。[10]その行動原則は、（一）事業に対する万全の注意、（二）会社の利益に対する忠実、（三）合理的に事業に対処する思慮分別の三つである。この三原則から導かれるのは、経営者は会社に対する「受託者」（fiduciary）の地位にあるということである。

しかし、ここで一つ疑問が生ずる。経営者は会社という一個の独立した法人に対する受託者なのか、それともすべての株主に対する受託者なのかという問題である。例えば、経営者が手にした情報を駆使して自らの利益を追求して会社に損害を与えれば当然、訴追されよう。ところが類似のことをしながらも会社には損害を与えず、個々の株主にだけ損害を与えた場合はどうであろうか。経営者は会社に対してだけ責任を持つのか、それとも会社に対するのと同様に、個々の株主全員に対しても責任を持たねばならないのであろうか。バーリは、後者の立場を支持するという。つまり経営者は会社とその株主の受託者だとする見解である。ところが、当時の会社法ではそのようにはなっていなかった。経営者の受託義務はあくまで法人である会社に限定されていた。つまりバーリ説は一般的には受け入れられていなかったのである。したがって、経営者が事業活動から得た知識に基づき、詐欺とは言えないまでもその事実を公表することもせず、個々の株主を出し抜いて自らの利益を得ようとすれば、法律上はそうしてもよいのである。また現実にそういうことが行われていたという。

そこでバーリは次のように言う。私有財産がその本来的な性格を喪失しつつあるというのは確かである。ただし、会社の収益が財産権ではなくなったというのは社会学の理論としてはあり得ても、法律の問題としてはいまだ確立されてはおらず、理論の修正がなされるまでは伝統的な私有財産の論理によって考えざるを得ないと(11)。したがって、法令や定款あるいはその両者によって会社や経営者に如何なる権限が付与されていたとしても、それはすべての株主に対してその比例的な利益のために行使されねばならないというのである。これを一言でいえば、会社はすべての株主の利益になるように経営されねばならないということである。その理由は、株式会社の権力は全株主の信託権力と見なすべきだからということになる。これが「信託権力としての会社権力」(第二編第七章)の意味である。バーリは、そうした信託権力の行使にあたっての五つの原則を挙げている。一．株式発行の権限は、常に、現在および将来の株主の比例的利益を保護するように行使されねばならない。二．配当決定の権限は、会社のみならず株主全体の利益になるように行使されねばならない。三．他会社の株式を取得する権限は、会社全体の利益になるように行使されねばならない。経営者の個人企業や内外の利害関係者の利益のために行使されてはならない。四．定款を変更する権限は、会社全体の利益になるように行使されねばならない。また、会社内の利害関係者に公平になるように行使されねばならない。
五．合併、株式交換、資産売却によって会社を他に譲渡する権限は、すべての株主の利害を考慮し保護するように行使されねばならない。

ここまで見てきて明らかになったのは、バーリは一九二〇年代のアメリカで、株主一般の権利がどんどん縮小され希薄化されてきている現実を目の当りにし、これを無視できない問題だと危機感を募らせていた点である。そして巨大株式会社において経営者や〝支配者〟が急速に台頭してきている姿に戦慄し、これを何とかしなければならないと考えたのである。そういう意味で、『近代株式会社と私有財産』刊行前に単独で発表された論文「信託権力としての会社権力」は、当時のバーリの問題意識を端的に示すものであったと言えよう。ではこうした問題意識に立った時、『近代株式会社と私有財産』においてバーリの議論はどう展開していったのであろうか。

第三節　会社は誰のものか――バーリ＝ドッド論争――

一　経営者は誰のための受託者か

『近代株式会社と私有財産』は一九三二年一一月にマクミラン社から刊行され、社会的に大きな反響を呼んだ。(12)

ところで『近代株式会社と私有財産』が出版されるちょうど直前にあたる一九三二年五月、ハーバード大学の法学者ドッド（E. M. Dodd Jr.）は論文「株式会社の経営者は誰のための受託者か（"For Whom Are Corporate Managers Trustees?"[13]）」を「ハーバード・ロー・レビュー」に発表した。その中でドッドは、一九三一年に発表されたバーリの論文「信託権力としての会社権力（"Corporate Powers as Powers in Trust"[14]）」を取り上げ、経営者は株主の受託者であるとするバーリ説を批判した。バーリのこの論文は前節でも見た通り、その後『近代株式会社と私有財産』第二編第七章に所収されたものである。そしてドッドはバーリ批判の一方で、自らは株式会社の経営者は株主の受託者なのではなく、消費者を含めた会社の利害関係者の受託者（fiduciaries）であることを主張した。これに対してバーリはすぐさま「ハーバード・ロー・レビュー」に反論の論文「株式会社の経営者は誰のための受託者か：覚書（"For Whom Are Corporate Managers Trustees: A Note"[15]）」を掲載した。はたして巨大株式会社の経営者は誰の利益のためにその権力を行使べきなのか。まさに現代ガバナンス論の根源的な問いの一つをめぐって、米国を代表する二人の著名な会社法学者が論争することになった。

二　ドッドのバーリ批判

ドッドはまず、株式会社は私的利益の追求のために組織された株主のアソシエーションであり、利潤追求という唯一の目的を遂行するために取締役会によって経営されねばならない、というのは伝統的な見方だとして批判する。むしろ現代の巨大株式会社の取締役と経営者（managers）は会社法によって新たな権力を付与されており、株主による如何なる実質的な監督からも自由である。なぜなら、株主は会社で何が行われているのかを知ることは困難であるし、たとえそれを知ったとしても効果的な対応を取ることは難しいからである。このように権力を付与された経営者がしばしば株主利益の最大化を目的としないような行動を取ることに対して、特にバーリのような企業問題の専門家は、経営者権力は株式会社の唯一の受益者である株主のために信託された（in trust）ものだと主張することになる。ドッドは株式会社の現状をこう述べた上で、バーリ説に対して次のように批判する。

「筆者は、会社経営者が利潤を株主のポケットから自分のそれへと移し替えるのをより効果的に防止する法的統制（control）を確立しようとするバーリ氏の努力には大いに賛同するし、彼の信託原理（trusteeship principle）から導きだされる多くのルールにも賛成する。しかし、たとえ自己利益を追求する経営者に対抗して株主に必要十分な保護を与えるという賞賛すべき目的のためであったとしても、株式会社が株主のために利潤をあげるという唯一の目的のために存在するのだと強調することは好ましくない。究極的に法を作り出す世論は、利潤追求機能と同じく社会奉仕（social service）の機能を果たす経済制度として会社を見ようという方向に実質的に進んできているし、この見解はすでに法制度にもある程度の影響を与えており、近い将来にはより大きな影響を及ぼすことになると思われる(16)」

この文章からも明らかなように、ドッドは株主利益を第一とする伝統的企業観には立脚せず、株式会社をより社会化した存在として見ていこうとする立場に立っている。このことをもう少し株式会社のシステムに則していえば、会社は法人格を持つ独立した単体（legal entity）であり、それを運営する経営者は会社の（傍点―勝部）受託者（fiduciaries）だということである。つまり、経営者とは株主のために利益を追求する単なる代理人（agent）ではないということである。したがって、株式会社は株主利益を唯一の目的とするのではなく、むしろその性格はより広く社会に対して責任を負わねばならない存在だということになる。そして先の文章にもあるように、法も世論もそうした考えを現実に認めさらに推し進めようとしているというのがドッドの主張である。

では実際に、法や世論は株式会社をどう見ているのであろうか。まず私有財産についてである。会社は言うまでもなく株主の財産によって運営されており、私有財産権は絶対的なものとされてきた。しかし、ビジネスはその所有者にとっての利潤の源泉だからというよりはむしろ、社会に対するサービスの源泉であるからこそ法によって承認されているのだとドッドは言う。これに関して、公益事業が対象とされているという限定付きではあるが私有財産が公共の利益に責任を負う時、その使用は制限されてもやむなしとしたマン対イリノイ州事件（一八七七年）の判決が具体例として挙げられている。つまり、例え私企業であっても社会にサービスを提供する事業体である限り一定の社会的責任を負わねばならないということである。次に経営者はどうであろうか。会社が社会に対して責任を持つだけではなく、会社を支配する経営者が法的強制によらずむしろ自発的に、社会的責任を果たすべく経営を行うべきだという見方が確実に広がってきているという。そこでドッドは、GEの著名な経営者オーエン・ヤング（O. D. Young）を登場させ、経営者の取るべき態度はどうあるべきかを問うている。ヤングは、経営者は株主の代理人（attorney）ではなく制度（institution）の受託者であり、株主、従業員、顧客、大衆のすべての利害に対し賢明かつ公正に対処すべきだと主張する。また同じように企業の社会的責任の重要性を説くハーバード経営大学院のドーナム学長（W. Donham）の主張を取り上げ、経営者が従業員と消費者の福祉（welfare）を考慮に入れようとする試みは、長期的には株主の利益を増大させるであろうことはほぼ間違いないと述べている。ただし、実際は経営者が自ら自発的な行動によって社会的責任を果たしていくことは期待できないとドッドは言う。なぜなら経営者はどうしても資本と密接な関係を有しているからであり、むしろドッドは経営者の行動に影響を与える法や世論の方に期待した。

結局、ドッドはビジネスに対する法や世論の態度や期待は変化してきており、株主だけを念頭に置いた伝統的な株式会社観に修正を加えるべきことを主張したのであった。

三　バーリの反批判

ではバーリはこうしたドッドの主張にどう応えたのであろうか。バーリは反批判論文の中で、ドッドが彼について批判した部分をそのまま引用した上で、「これは無視することが出来ない見解である」とはっきりと述べている。ただし、ドッドの見解を頭ごなしに否定したわけではない。「経済学ならびに社会理論としては、ドッド教授の議論は正しいだけでなく、よく知られたことである[17]」と、ひとまずは肯定的な評価を下している。勿論、バーリ自身も、大企業体制になってきていることは十分過ぎるくらいに認識しているからである。しかし、これに続けて彼は次のように指摘する。「偉大な産業経営者、銀行家、沈黙する〝支配者〟たちは、今日では株式発起人あるいは商人というよりは王子や大臣として機能している。企業の独占的な利潤追求目的が必然的にこうした分析を生み出す。

これはドッド教授の議論をまさに正当化するものである。しかし、それは理論ではあっても実際ではない。産業の〝支配者〟は自らを王子とは考えていないし、社会（community）に対する責任を想定してもいない。銀行家は社会的な要求を認識するつもりはないし、法律家は社会的責任に関して彼にアドバイスすることもない。現在、そうした理論的な機能の達成を強制するようなメカニズムは見える範囲では存在しない(18)」

これは相当厳しい批判のように思える。つまりドッドの提示した新しい株式会社像を「理論ではあっても実際ではない」と一蹴しているからである。しかもこれに加えて、経営者と〝支配者〟の株主に対する信任義務が弱体化あるいは排除される時、彼らはあらゆる実際的な目的のために独裁(absolute）となる、とまで言っている。ではどうすればよいのであろうか。「社会的責任に関して明快かつ妥当で、強制できるスキームが準備されるまでは、〝株式会社は株主のために利潤追求するという唯一の目的のために存在するという見解〟を捨ててしまうわけにはいかない(19)」とバーリは伝統的な株式会社の論理にあくまで拘泥するのである。したがって、経営者に対する評価は、バーリとドッドでは大きく違っていると言わざるを得ない。

四　何が争点か

バーリ＝ドッドの論争の最大の争点は、ドッドの論文タイトルにある通り「株式会社の経営者は誰のための受託者か」という点であった。バーリの主張は会社権力は株主の「信託権力」（power in trust）だということであり、経営者は株主のための受託者である。他方、ドッドの主張は経営者は株式会社の受託者であり、株主のみならず会社の利害関係者、そして最終的には社会の利益を考慮に入れるべきだというものである。換言すれば、会社は株主のためにあるとするのがバーリ説であり、会社はより広く社会のためにあるとするのがドッド説であった。

ところでこういう論争が出てくるにはそれなりの前提条件がある。個人企業は言うまでもなく、たとえ株式会社であっても大株主が君臨しているような場合には「会社は誰のものか」を問う必要はない。ところが株主が何万人もいるような巨大株式会社が登場するようになると、財産の分裂によって、株主が直接手にするのは株式という消極財産になる。しかもそれは多数の株主の間に分散する。もう一方の積極財産は株主ではなく経営者によって動かされるようになる。つまり専門経営者が必然的に台頭してくるのである。巨大株式会社の登場、そして専門経営者の台頭という現実に関しては、バーリもドッドも共通の認識を持っていたと見てよかろう。それを経営者支配と言うか否かは別にしても、巨大な会社権力を専門経営者が現実に行使するようになって来たのである。ではこの専門経営者とは一体どのような人たちなのか。そして専門経営者は如何なる行動様式をとるのか。問われているのはまさにこの専門経営者と呼ばれる人たちの性格・機能と実際の行動であった。

実はこの経営者に対する認識がドッドとバーリではまったく異なっている。ドッドは経営者は株式会社のフィディシアリーであり、社会的責任を果たすべく行動することを期待した。ところがバーリは当時、経営者が社会的責任を果たすような行動をとるとは考えていなかった。少なくとも現実の経営者に関しては、「第三の道」で述べられていたような「純粋で中立的なテクノクラシー」とは見ていなかったと思われる。だからこそドッドの議論に対して経営者や〝支配者〟は「王子」や「大臣」ではないと明確に否定したのである。では、バーリの現実の経営者像とは如何なるものだったのであろうか。第二節で見たように、経営者の行動に関してかなり懐疑的な見方をしていたというのが実際であろう。例えば、『近代株式会社と私有財産』の最後の部分でも、株主の権力の強化と経営者に無制限の権力を与えることを比較した場合、「もし唯一の選択肢があるとすれば、二つの中では前者の方がまだましであるように見える[20]」と述べている。バーリにとって、無制限な経営者権力は決して放置できないものだったということである。

そうなるとバーリ＝ミーンズが示した「第三の道」はどう理解すればよいのであろうか。彼らは次のように言っていた。「株式会社制度が生き残るためには、大企業の〝支配〟は社会におけるいろいろなグループの多様な要求をバランスさせるような、また私的貪欲よりはむしろ公共政策に基づいて所得の流れを各分野に割り当てるような、純粋に中立的なテクノクラシーに発展すべきである、と考えられるし、実際それは不可欠なことであるように思える[21]」。この文章は経営者のあるべき姿を示唆しているのであるが、誤解してはいけないのは、彼らは経営者がすでに「純粋で中立的なテクノクラシー」になっていると言っているわけでは決してない[22]。この文章には実は前段がある。「社会義務の確固たる制度が作り上げられ、それが一般に受け入れられるようになったその時に、今日の消極的財産は、社会のより大きな利益の前に道を譲らねばならないのである[23]」と。この社会義務（community obligations）とは、公正な賃金、従業員の安全、公衆への適正なサービス、および事業の安定といった内容のものであり、一言でいえば「企業の社会的責任」と言い換えてもよかろう。そうするとこの文章の意味するところは、経営者に率いられた株式会社が社会的責任をきちんと果たしていくような確固とした法や制度が築かれた時に初めて、消極財産の所有者である株主はその地位を譲りわたすということである。このことは逆に言えば、実際にそういう体制が整うまでは従来通りだということを意味する。つまり株式会社の現状に即して見る限り、経営者は依然として株主の受託者として扱うべきだという主張なのである。ミーンズはこのあたりの経緯に関して、「ドッド教授にも受け入れられるような、二重のアプローチを提案した」と後に述懐している[24]。

では改めてバーリ＝ドッド論争の主たる争点は何だったのであろうか。バーリとドッド双方の論文を見る限り、「会社は株主のもの」対「会社は社会のもの」、「経営者は株主の受託者」対「経営者は会社の受託者」といった対立点が浮かび上がり、両者はまったく違うスタンスに立っているように見える。しかし、バーリもドッドも株式会社のあるべき姿に関しては共通のビジョンを持っていたと思われる。つまり株式会社の性格は私有財産から社会的制度へと発展すべきだということである。ドッドは最初からそのことを主張していたし、バーリも「覚書」の中で次のように述べている。「企業財務の研究者のほとんどは、会社経営者が高度に要求された責任―即ち単に株主の権利だけからではなく、投資家、労働者、顧客、そして社会のそれぞれのニーズを満足させる経済政府の観点から見た責任―をはたす日の来ることを夢見ている。[25]」これがさらに『近代株式会社と私有財産』の「第三の道」の議論へと続くのである。このように株式会社が目指すべき方向、つまりあるべき企業観では二人ともほぼ共通していたと言えるであろう。しかし現行の法制度や経営者の実態に関しては、すでに見てきたように二人の評価はかなり違っていた。バーリはあくまで現状には否定的である。この点こそが両者の議論を大きく分ける最大のポイントだったと言ってもよかろう。

五　論争の結末とその意義

さて、バーリ=ドッド論争はその後どう展開したのか。

まずバーリである。一九五四年に『二十世紀資本主義革命』を出版したバーリは、その中で次のように述べている。「20年前、ハーバード大学法学部の故E.メリック・ドッド教授と論争した。著者は、会社権力は株主のために信託された権力であると主張したのに対し、ドッド教授は、それらの権力は全社会のために信託されたものだと論じた。この論争は、(少なくとも当分の間は)ドッド教授に味方して決着がついた[26]」。バーリはそう述べる根拠として、現実にUSスティールやスタンダード石油がリベラルアーツ系大学に多額の寄付をしており、また二九の州では慈善および教育への寄付を認める法律を通過させたこと、またニュージャージー最高裁がそうした会社の行為に合憲判決を下したことなどを挙げている。[27] つまり会社が利益の一部を株主に分配せず、学校・病院・研究所などの目的に使うことを認められるようになったからである。こうしてバーリはドッドとの論争から約二〇年が経過して自らの負けを認めたのであるが、彼は別のところで次のように言っている。「一九五四年に、私はドッド教授が論争に勝ったことを認めた。……しかし、私がドッド教授が初めから正しかったと認めたのだとチェイス教授が言うならば、私は抗議せねばならない。社会的事実と判決がどのようになっているのか認めることと、これが『正しい』傾向であったと認めることは、まったく別のことである。私はかつて（現実が）そうであったとは考えていない。[28]」即ちバーリにとっては、あくまで社会の現実と法が変化してきたことが自らをドッド説容認へと向かわせたことを強調したかったのである。

では論争相手だったドッドはどうであろうか。彼は一九四二年に発表したある書評の中で、「会社法は、伝統的に経営者の機能は株主利益のために利潤を最大化することだという理論に基づいているが、意味のないレトリックなどではなく、経営者はある範囲の中では労働者と消費者の受託者であると主張するような、より広い見方を発展させるべきだ、と私は軽率にも提案した。バーリ氏が直ちに指摘したように、それに含まれる法的困難さはあまりにも明白だった[29]」と述べて、むしろ当初のバーリの主張に理解を示す発言をしている。奇妙なことだが、バーリとドッドは一定の年月を経てそれぞれ当初の相手の発言を容認することで、お互いの立場が入れ替わってしまったのである。バーリ自身も、株主主権論を展開するセントルイス大学のH・マンとの論争において、「ハーバード大学の故メリック・ドッド教授との論争はまさにそのようなものであった。かなり異なる理由からではあるが、私はマン教授が今いる立場に立っていた[30]」と述べている。

さて、ここでもう一度、一九三〇年代に戻ってバーリの主張の意味を考えてみたい。この論争の出発点において、なぜバーリは株主の権利に拘ったのか。そして、そもそもバーリは株主主権論者であったのかという点である。今日、バーリを「株主第一主義の祖父（the grandfather of shareholder primacy）[31]」と位置づける人々がいるが、はたして本当にそうであろうか。確かに本章第二節で詳しく見たように、バーリは一般株主の権利が水増しされたり弱体化されている姿を目の当りにし、株主の権利を保護すべきだと厳しく追及した。台頭してきた専門経営者や〝支配者〟が利益をより多く自らの懐に入れる現実があったからである。では株主主権を徹底すべしというのがバーリの立場でありその結論だったのであろうか。恐らくそうではないであろう。一方では上述の通り一般株主の権利保護の問題はあったが、他方では伝統的な法の枠組みでは捉えきれない株式会社の現実がすでにはっきりと姿を現していたからである。それが「財産の変革」であった。つまり巨大株式会社は伝統的な財産の論理では説明できないものに変容していたのである。このことは、株式会社の理論と現実のギャップに、法が追いついていなかったということでもある。だからこそそういう現実の中で、バーリは取りあえず今ある法理論（伝統的な財産の論理）に拘って議論を展開するのであるが、少なくともそれで事足りると考えたのではなく、むしろ彼が見ていたのはその先ではなかったのか。つまり「新しい酒は新しい革袋に盛る」べく、巨大株式会社の時代に適った法制度を考えていたのではなかろうか。[32] 逆に伝統的な理論をそのまま単純に継承して「株主第一主義の祖父」を目指すようなスタンスでは決してなかったと思われる。そうでなければ、三一年に「信託権力としての会社権力」を書き、翌三二年にドッドへの反論「覚書」を書き、同じ年に『近代株式会社と私有財産』の「第三の道」へという流れにはならなかったであろう。つまりこの三つの論考は、表面だけ見れば最初の株主主権論から突然一八〇度転換して「第三の道」へという流れになっているが、バーリの問題意識とスタンスはむしろ上記のような意味では一貫していたのではないかということである。ただし注意しなければならないのは、「第三の道」の主張もまた、バーリがいみじくもドッドを批判して言った通り、この時点では「それは理論ではあっても実際ではない」のである。社会の現実とそれに合致した法制度に変わるのには時間が必要であるが、バーリらの主張を受けて早くも三〇年代には会社法制の改革が進められた。[33] また企業の現実も変化する中で、二〇年後のバーリの「敗者の弁」へと繋がったということであろう。

「会社は誰のものか」を問うたバーリ＝ドッド論争は、少なくともバーリにとっては論争での負けを認めることになったとはいえ、「第三の道」が実現する方向に歩みを進めたことで取りあえず決着を見た。即ち株式会社は株主のみならず広くその利害関係者を考慮に入れるべき方向にその道を開いたのである。しかし、これで株式会社をめぐる問題にすべて決着がついたわけではない。バーリにとってはむしろ、現代社会において圧倒的な位置を占めるようになってきた巨大株式会社の会社権力の問題こそが、問われるべき大きなテーマとして彼の眼前にあった。

第四節　会社権力論の展開——会社権力をどう制御するか——

一　会社権力とその制御

すでに『近代株式会社と私有財産』（一九三二年）で明らかにされた通り、アメリカの資本主義体制はわずか数百という少数の巨大株式会社を中心に動いており、経済力が益々集中していく現実があった。巨大株式会社とはいわば独占体のことである。したがって、それが市場においてどのように行動するかで個人や社会に多大な影響を及ぼすことは誰にでも容易に想像できよう。しかもこうした巨大株式会社を実際に動かしているのは専門経営者である。経営者は会社を統一的に指揮することで創造的機能を発揮するのであるが、ここに「権力」（power）と呼ばれる現象が生まれる。しかも巨大株式会社におけるそれは強大な経済権力である。しかし、『近代株式会社と私有財産』では経営者の台頭とその問題は指摘されてはいたが、権力論そのものが真正面から論じられることはなかった。むしろそうした問題の分析は残されたままになっていた。

それから約二〇年の時を経て再び本格的な学究生活に戻ったバーリは、改めてこの会社権力の問題に真正面から立ち向かうことになる。それを一言で言えば、巨大化した株式会社がもつ経済権力はどのようにして制御できるのかということになる。より具体的には、誰がどのような権力を行使しているのか、その権力には正当性（legitimacy）はあるのか、そして如何にすれば権力の暴走を防ぎ制御できるのかという問題である。これは今日のコーポレート・ガバナンス論の問題そのものである。

さて、バーリは『二十世紀資本主義革命』（一九五四年）において、権力について次のように言う。権力とはある活動領域に他の人々の行動を誘発し、あるいは要求する能力である。[34] しかし、われわれは権力についてほとんど何も知らない。つまり権力に関する研究はこれまで十分なされてこなかったと彼はいうのである。同じく『財産なき支配』（一九五九年）でも、「権力は、性と愛に次いで、恐らく人類の歴史における最古の社会現象であろうが、比較的僅かな哲学的分析しかなされてこなかった。（著者の知る限りにおいては）現在のところ受け入れられているような権力の理論はない[35]」と権力論がいまだ未開拓である現状を率直に認めている。ともあれ、経済組織はあらゆる組織と同様に、権力に依拠し、権力を生み出す。バーリはそれを「会社権力（corporate power）」あるいは「経済権力（economic power）」と呼んでいる。巨大株式会社の登場によって経営者がその絶大な権力を行使するようになってきたのである。そういう意味では、この中身は経営者権力論と言うこともできる。そして会社権力はその組織の内と外に向けて行使される。

ではこうした会社権力あるいは経済権力は実際にどう制御することが可能であろうか。以下ではバーリの二つの著作を中心にその具体的な議論を見ておこう。

二　『二十世紀資本主義革命』と会社良心論

『二十世紀資本主義革命』（一九五四年）は、巨大株式会社の経営者が絶大な権力を行使するようになった一九五〇年代のアメリカにおいて、どのようにすれば経営者権力に対する抑制と均衡（the checks and balances）を実現できるのかを問うものである。

バーリはまず、経営者の権力は制限されているとする古典派経済学者たちの主張を検証することから始める。古典派経済学者によれば、経営者が勝手な行動を取れない理由は二つある。一つは「市場の審判」（the judgment of the market place）であり、もう一つは「競争」（competition）である。前者は、株式会社に資本を供給する投資家（資本家）が経営者の行動が納得できなければ投資を止めたり、場合によっては株主総会で解任することも可能であり、それが権力を抑制するというものである。また後者は、垂直的には産業内部の競争によって、水平的には代替可能な他の財貨やサービスからの競争によって、権力は抑制されるというものである。しかし、バーリは経済学者のこうした仮定には否定的である。

まず「市場の審判」について、バーリは次のように言う。「資本がそこにある。したがって資本主義もある。衰えつつある要素は資本家である。資本家は、どういうわけか、舞台からおおかた消えてしまった。そして、かれと一緒にかれの市場審判という統制力の多くが消えてしまった[36]」。バーリがこのように断定する理由は、かつて会社に君臨していた大資本家は姿を消してしまい、代わりに経営者が意思決定をする地位に就いており、しかも巨大株式会社の場合、投資家に全面的な出資を仰がなくても会社は内部留保によって自ら資本を形成するようになってきているからである。つまり経営者は投資家に巨額の出資を請うたり、その顔色を窺わなくてもよくなったということである。次に「競争」であるが、実際は遙かに狭い範囲でしか行われておらず、それは部分的抑制でしかないという。しかも無制限的な競争を欲しているものはほとんどいない。したがって、産業が集中した中にあっては、競争の結果はある種の計画化であり、計画化は権力を縮小させるどころかむしろ増大させる、とバーリは指摘する。

そうなると、経営者の権力を制限する有効な手立てはないのであろうか。バーリは言う。「この問題にはまだ答えることができない。実に、この正しい答を見出すことは、二〇世紀後半におけるアメリカ的政治組織の大問題の一つとなるであろう(37)」と。何やら今日のガバナンス論の隆盛を暗示するような発言であるが、ともあれ現状でも制約はあるとバーリは言う。それは世論(public opinion)と寡占体制(the system of oligopoly)の二つである。前者は会社への権力集中に対して世論がバランスを取るということであり、後者はたとえ不完全ではあっても、独占や社会主義と対比して見れば、寡占体制はまだしも権力に対し抑制的に働くということである。そしてこれら二つの主要な抑制要因の背後には、国家権力が控えているということになる。

しかし、これで会社権力の問題が一件落着したとはバーリも考えてはいない。否むしろ、経営者の権力は絶対的たらざるを得ないであろうというのがバーリの基本的な見方である。そもそもアメリカの会社と経営者の現状はというと、まず近代的な会社を「制度」(institution)として見ることに人々は慣れていないし、ましてや政治的制度と見るなどということは経営者自身も考えてはいない。その会社は経営者による「自己永続的寡頭制」(self-perpetuating oligarchies)によって導かれている。しかもそれはアメリカのビジネスと金融界のさらに小さなグループから出てきてその意見によって審判されている。株主の手で経営者が交代させられることはほとんどなく、また明らかな不正や詐欺にでも手を染めているというのでない限り経営者の判断に裁判所が事後的に口を挟むこともない。これは今日一般的に言われている「経営判断の原則」（Business Judgement Rule）である。確かにビジネスの世界では、経営者はその権力行使を制限されている領域があって、それを行えば罰を受けたり、外部の審査を受けねばならない場合があるが、他方では、そうした制限を受けながらも実は相当広い領域で経営者は自由裁量で意思決定を行っているのが現実である。したがって、経営者は実質的にかなり大きな権力を持っているのである。

そこでバーリは『二十世紀資本主義革命』の第二章「王の良心と会社の良心」（The Conscience of King and of Corporation）で、かつてイギリスのノルマン公ウイリアムスに対して不満を持つ住民が「ハロー！」（Haro!）と叫んで不満を訴えた「ハロー訴願」（"Haro"cry）を紹介している。これは、不当に苦しめられている人がそのように叫ぶと王はその言い分を聞きいれ、神と良心の法に従って裁決するというもので、封建的権力のもとで王の良心に訴える公認の手段となっていた。王は、道徳的ないし実際的配慮からか、あるいはその両方故か、そうした訴えを考慮すべきことを義務と考えたのである。ノルマン公と今日の会社経営者では置かれた状況は相当違うように思われるが、権力の現象は不変であり、相違はそれほど大きくはないとバーリは見る。したがって、二〇世紀の会社も良心を持って、その権力に従属している個人や利害関係者の声に対応すべきであると彼は考えた。そして人々のそうした訴えが会社に届くように、権利を制度化しなければならないという。つまり「王の良心」と同じように「会社の良心」を想定し、関係者が会社に対していつでも「ハロー！」と言える制度を構築した上で、「会社の良心」はそれを受け入れる広範な責任を持たねばならないというのである。言うまでもなく、この「会社の良心」とは実際は「経営者の良心」ということである。また、会社に訴え出る制度は具体的にはいろいろ考えられるが、その中の一つの事例としては今日見られる「公益通報制度」などがそれに該当するということになるのかも知れない。

そしてバーリは同書の最終章「会社資本主義と『神の都』」において、会社経営者は「神の都」（The City of God）の建設に邁進すべきであると説いている。「神の都」とはアウグスチヌスによって名付けられたもので、道徳的、哲学的組織こそが不可避的に代々継続し、最終的に権力を指揮するのであって、この哲学的内容のみが組織を永続させるものだという。したがって、ほとんど絶対的な権力を保持している経営者に対して経済的・社会的行為を指導あるいは制限する唯一の真の統制とは、その人々が持つ哲学だということになる。ただし、それはあくまで不確定で黙示的なものである。こうした哲学を有する経営者の道徳的・知的リーダーシップこそが、「フランケンシュタインの創造物」（Frankenstein creations）つまり権力という手に負えない怪物を制御するものとして期待できる歴史的根拠がある、とバーリは言うのである。

三　『財産なき支配』と社会的合意論

『二十世紀資本主義革命』から五年を経てバーリは『財産なき支配』（一九五九年）を上梓する。前著で焦点を当てた会社権力の問題は、本書でも再び中心的テーマとして取り上げられている。

バーリはまず、経済権力（前著では会社権力という用語の方が用いられていた）はそれが如何に広範な力を持つものであろうと、広範で未解決の謎のような権力一般よりも明らかに制約されている。それは決して絶対的なものではないという。そう述べた上で、経済権力に対する四つの制約（この中には前著でもすでに指摘されていたものも一部重複して含まれている）を提示する。

① 大きな制約―競争を含む多元性

アメリカではたとえ組織の権力が強大であったとしても、それは法に従うと同時に、他の制約にも従っている。経済権力の利用に対して最大の持続的抑制となっているのは、すなわち権力の多元性である。単一組織が一定数以上の機能を掌握することは許されず、また一つの機能で独占を達成することも許されていない。つまりその実態は寡占体制ということであり、競争市場ほどではないにしろ一定の制約を課すものである。

② 利潤の要求

如何なる会社も利潤を上げない限りその存続は不可能であるし、権力を享受することもできない。したがって、組織の方針としては利潤に向かわざるをえないし、利潤獲得という一般的制約の中で行動して行かざるをえないということになる。

③ 社会的合意（public consensus）―「会社の良心」

社会、そして組織やその指導者からも広く支持されている理念があり、これを「社会的合意」という。こうした理念は目に見えず、また計量しがたいものであるが確かに存在し、経済権力に対する制約となっている。経営者がこれを考慮することが「会社の良心」と呼ばれるものである。もしこの「社会的合意」に従わなければ、その組織に対する社会的評価や信望は失われてしまうが、もしそうなった場合は、④のような強力な手段が現れ「社会的合意」に従わせることになる。なお、この「社会的合意」は世論（public opinion）とは異なる。

④　政治的介入

経済権力が乱用されたり、社会的な有用性が確保できない場合、即ち「会社の良心」が抑制の役割を果たさない場合は、強制的な手段として政府により介入が図られる。ただし、国家の行使する経済権力であっても、経済目的以外のために利用されてはならないことは言うまでもない。

以上の四つが、バーリの考える経済権力の抑制・統制の方法である。そして彼は、こうした集権化された経済権力にあっては、その権力の正当性（legitimacy）こそが問題となることを強調する。では正当性とは何か。どうすれば正当性は獲得できるのか。また株式会社の権力に正当性はあるのであろうか。

まず正当性とは、「権力の正しい保持（the rightful possession of power）」であるとバーリは定義する。[38]現実の社会では特定の個人や組織が権力を握っているが、何故この人たちが権力を掌握できるのかといえば、それは何らかの基準によってその資格を得ているからである。したがって、そうした権力の保持が正当か否かを判定するための基準がなければならない。民主的社会においては、それは先ほど③に挙げられていた「社会的合意」なのだとバーリは考える。ただし、この「社会的合意」自体は絶対的、固定的なものではなく、絶えず検討され、批判され、進歩するものだという。そして、この正当性の概念は、経済権力の二つの側面に実際に適用することができる。第一は、機関あるいは個人による実際の権力行使に正当性があるのかという問題である。第二は、権力の存在と行使の正当性ということであり、そもそも原理的にその経済権力と行使に正当性があるのかという問題である。

第一に関しては、経済権力の正当性は機能（function）の概念を通じてアプローチできるという。即ちその権力が財・サービスの生産・供給・分配に必要であるか、さらにその目的遂行のために雇用やサービスといった付随条件を揃えるのに必要であるかということである。例えば、電話会社の機能は、通信サービスの提供という点にあり、その機能をはたしていれば経済権力は正当性をもつことになる。なお、ここでの会社の機能の概念には利潤を上げる機能も含まれている。第二に関しては、個人やグループがその組織に固有の権力を保持する権利があるか否かに関連する。例えば、経営者であるならば株主総会での株主の投票を経て取締役になり、取締役会での投票で社長に選出され、経営権が与えられる。この制度的に決められた手続きを踏むことで、その権力は正当なものと見なされるのである。ただし、株式会社ではそこに株主の経営者に対する委任という関係がある。小企業の時には経済権力は事業の及ぶ範囲に相応しており問題はなかった。ところが今日の巨大株式会社では、その権力は実際には顧客や従業員も含めて社会全体の生活を処理し取り扱うようになっている。要するに、経済権力は株主から委任されている以上のものになっているのである。

では、バーリはこうした株式会社の現状をどう見ていたのであろうか。彼は、株式会社において株主投票制度によって経営者を選び権力の所在を決める方法はすでに陳腐化してしまっていると評価する。他によい案を誰も出さないから存続しているだけなのだ、とこの選出方法には否定的である。ただし、それにも拘わらず、その結果に関しては非常にうまく行っていると肯定する。即ち巨大株式会社では株式は分散しており、取締役会が次の取締役を指名しているのであるが、新たに選任される取締役は社会の期待を満足させられる人物がなっているというのである。こうした取締役は社会の基準によって承認されることで長期的に活躍できる。逆に期待を裏切る人物、例えば有名なギャングがたまたまUSスチール社の取締役に選ばれ、さらに社長にでもなろうものなら、社会はその仕事に適した人とすぐに換えるよう要求するであろう。したがって、「権力保持の正当性は根本的には、社会的合意によって受け入れられるか否かにかかっている[39]」とバーリは言うのである。なお、株式会社の現状はと言えば概してうまく行っているが、最大の難点は、それが不確定であり、十分ではないことだ、とバーリは指摘している。

四　バーリ会社権力論批判

前節ではバーリの会社権力論を見てきたが、こうした主張には一方で強い批判が出されていること

も確かである。ロストウ、ハイエク、ハーマンのバーリ批判を簡単に紹介しておこう。(40)

まずロストウは、ドッドが最初に主張し、そして後にバーリもそれに賛同した、公共性重視の裁量的な経営者主義（managerialism）を批判する。はたして大企業の経営者は市場の論理、価格の論理を逸脱して、株主ではなく公共の利益のために行動してもよいものか。もしバーリらが言うような経営者主義の行動を取るとすれば、一つは経済的、もう一つは法的・政治的な問題が生ずるとロストウは指摘する。即ち経済的問題とは、経営者の裁量的な意思決定によって価格や賃金が歪められ、市場における資源の最適配分が損なわれてしまうということである。また法的・政治的な問題とは、企業の社会的責任という新理論が、会社をめぐる人々の意見の均衡を混乱させ、マネジメントの自由に公的制約を招来しかねないような会社の支出パターンを生み出してしまうかも知れないという危惧である。そもそも社会が企業に期待するのは、可能な限り最低の費用で財・サービスを生産し、適切な価格で供給することである。ところが、コモンズ、ヴェブレンからドラッカー、バーナム、バーリまでの経営者主義の文献には、過去に経済学者が必死になって開発してきた、適正な賃金と価格を判定する基準に取って代わるようなものは何も提案されていない、とロストウは厳しく批判する。(41)

次にF・A・ハイエクである。一九六〇年に開催されたカーネギー工科大学大学院主催の「一九八五年の経営と会社」と題するシンポジウムで、実はハイエクとバーリの二人は「民主社会における会社」のセッションで一緒に報告を行った。ハイエクはバーリの名前こそ出しはしないが、彼の報告全体がそのままバーリ批判になっている。ハイエクの主張はまさに今日の新自由主義的なガバナンス論の典型であり、その内容は極めて単純かつ明快である。彼は会社権力について次のように言っている。「経営者は株主より委任された信託者にすぎず、会社の活動がより高い価値に奉仕するように使われるべきかどうかの決定は、個々の株主の決議にゆだねるというやり方が、会社の無軌奔放にして政治的に危険な権力の獲得を抑えるもっとも重要な防護手段であるということである」[42]。これは即ち、会社が持つ権力を制御したいのなら、経営者は株主の声に耳を傾けながら株主の利益のためにのみ奉仕すべきであって、それ以外の目的は基本的に認めるべきではないということである。逆に、「社会的」という漠然としてほとんど意味のない言葉を冠した事業に会社の資金をあれこれ使うようになると、それは会社が行使する権力をむしろ増大させてしまう結果になる。したがって、会社がCSR（企業の社会的責任）などに資金を投下することなどはもってのほかだということになる。経営者は唯一利潤の極大化のために会社の資源を使用することで、結果的に最も公共の利益に奉仕することが出来るのであって、そう信じないのならば自由企業体制は崩壊してしまうであろう、とハイエクは警告するのである。

最後にE・S・ハーマンである。ハーマンはわが国では、バーリの正統な後継者として経営者主義を標榜しているという印象を持たれているが、それは彼のスタンスから見ると必ずしも正確ではない[43]。否むしろ、彼はバーリの会社権力論を厳しく批判する論陣を張っている。例えば、彼はバーリについて「経営者革命の結果として高まった企業の社会的責任論に対して、唯一人評価する支持者はA．A．バーリ自身であった[44]」と突き放した言い方をしている。これはハーマン自身がそもそも社会的責任論に批判的だからでもある。バーリが主張した『近代株式会社と私有財産』の「第三の道」論に対しては、それが現実に機能している経営者資本主義の特徴だからというのではなく、将来そうなりそうだからというのが理由である、とハーマンは解説する。つまりいまだ実態はそうなってはいないという批判的な意味がここには込められている。そして『二十世紀資本主義革命』においてバーリが提起した「会社良心」論に対しては、経営者は外部からの圧力あるいは利己的な計算に対して反応しているのであって、「会社良心」といったものは実際にはほとんど無いと批判する。さらに『財産なき支配』では専門経営者は所有者・支配者よりも世論に対してより注意を払うであろうとバーリは主張しているが、ここでも「会社良心」などは所有と支配の分離とはほとんど無関係だと指摘する。そしてハーマンはバーリ理論に対して次のように言う。

「企業の社会的責任や会社良心論に関するバーリ理論の注意すべき点（remarks）は、真面目な分析と言うよりはむしろ政治的な立場の表明に等しいために、議論が十分展開されていないということである。この問題に関するバーリの最初の著作である『近代株式会社と私有財産』では、恐らくより劇的な結論を生み出そうとしたがために、株主の権力喪失、ならびに経営者の（所有と支配の）分離論と自由裁量が非常に誇張されていた。たとえ極端な（所有と支配の）分離論の仮説を持っていたとしても、バーリは、自立した経営者が私腹を肥やすかも知れないというもう一つの推論を撥ねのけるだけの基礎を何も提示してはいない。さらに、もし経営者権力が所有者・債権者の利害によって大きく制約されるとするなら、新たな企業の社会的責任論についてのバーリの予見の鍵となる前提は損なわれることになる。寡占体制の世界でもさまざまなレベルで持続する競争圧力のインパクトに関して、彼は何ら言及していない。これらの制約や圧力は、組織の利害が全体的にそうであるように、継続的な利潤追求の方向を目指している。(45)」

ハーマンはさらに、経営者支配型の企業が実際に社会的貢献にどれだけ資金を投じているかなどもデータをもとに論じているが、所有者支配型との顕著な相違は見いだせないという。結局、経営者は社会性、公共性を重視した経営を行うべきだとするバーリの立論は支持できないという。

以上、三人の論者によるバーリ批判の概要を見たが、その中身は以下のように共通したものであった。①経営者の自由裁量の拡大は権力の拡大を招くので抑制すべきである、②経営者は株主の声を聞いて株主利益の最大化を目標に経営すべきであり、それが結果的に公共の利益にも直結する、③経営者が企業の社会的責任に取り組むとそれは市場の論理を損ない資源の適正な配分を歪めてしまう、④「会社良心」などはなく、経営者は自己利益を追求することは大いにあり得るが、市場や株主からの圧力や制約によって統制されている。

第五節　おわりに

バーリの株式会社論、会社権力論は、つまるところ以下のような構図になっていた。巨大株式会社においては財産の変革が生じており、「所有と支配は分離」した。実質的な権力を行使しているのは専門経営者である。この権力行使には正当性がなければならない。経営者権力の正当性の有無は社会的合意（public consensus）によって最終的に判定される。また、会社権力に対する抑制・統制の方法には四つ（多元性、利潤の制約、社会的合意、政府の介入）ある。まずは「会社良心」がうまく機能することが期待されるものの、もしそれが抑制の機能を果たさず経済権力が乱用されたり、社会的な有用性が確保できない場合、最終的には強制的な手段として政府による介入が図られることになる。バーリはアメリカにおけるこうした枠組みを「経済共和国」と捉え、それはうまく機能しているのだと賞賛したのであった。(46)

今日から見れば多少楽観的とも言える見方ではあるが、バーリが大企業とその経営者に対して次のような認識を持っていたことは理論の背景として知っておく必要があろう。「一九五九年における大企業の原理と実践は、一九二九年のそれと比較すると、より責任感があり、より洞察力をもち、そして（平易な英語で言えば）より正直なものになってきているように私には思える。大企業経営者の秩序、モラル、社会教育は実際、この三〇年で大いに改善されたように見える。とりわけ（私が一九二五年から二八年まで講師として教壇に立っていた）ハーバード・ビジネススクールはこの三〇年間、ビジネスマンを私掠船の船長（privatersman）ではなくプロフェッショナルに育て、そしてビジネスを私的利潤のために人の欲求を食い物にする簡便な技術ではなく、アメリカ社会のための経済サービスの供給に向かわせるように専心してきたのである。恐らく私はこの偉大な機関の業績を過大評価しているのであろうが、そうではないことを願っている。(47)」

さて、最後になったが、本章ではバーリ理論を論じるにあたって、彼の問題意識と株式会社に対するビジョンはその生涯でほぼ一貫していたとする立場を取ったことを付記しておきたい。バーリ＝ミーンズをどう理解するかをめぐっては研究者の間でも議論があり[48]、またバーリは論争を経て「改説」したという説もあるが、ここでは必ずしもそのようには捉えなかった。あくまで現実を重視するというのがバーリのスタンスではなかったであろうか。つまり二〇世紀にあっては巨大株式会社の現実こそが大きく変容したのである。

（勝部　伸夫）

注

（1）Berle, A. A. and G. C. Means, *The Modern Corporation and Private Property*, New York, The Macmillan Company, 1932.（北島忠男訳『近代株式会社と私有財産』文雅堂銀行研究社、一九五八年。）

（2）森は『近代株式会社と私有財産』について、「同書は四編から構成されているが、従来わが国でじっさいに読まれ議論されてきたのは、そのうちのほぼ一編だけといって過言でない」と指摘している。（森杲「ニューディール以前の株式会社法制の経済的性格—バーリ＝ミーンズを手がかりに—」『アメリカ経済史研究』第六号、二〇〇七年、八三頁。）

（3）日本で初めての本格的なバーリ研究の書である正木久司・角野信夫『経営学—人と学説—バーリ』（同文舘出版、一九八九年）の共著者である正木は、「第一編の真の理解は第二編以下の部分の理解を基礎とすることによって、初めて可能であるとも言えるのである。……バーリの株式会社権力についての基本的な考え方は、実は第二編以下に網羅されているのである」（同書七五頁）と的確に指摘している。

（4）この時期の特徴について、例えばピントとブランソンは次のように説明している。「十九世紀後半には、多くの州が会社に課す税率を引き下げ、会社と経営者に対する従来の制限の多くを撤廃する会社法が制定された。これらの制定法は、会社により広範な権限を認めた。いくつかの改正は、株主にではなく、経営者に有利なものとみられた。経営者は会社設立に際し、経営に最も有利で、株主に最も不利なルールを有する州を選ぶであろうと思われていたので、州は、経営者を優遇することにより会社の設立を招致しようとした。ニュージャージー州は、州法を最初に緩和した州であった。デラウエア州がやがて先頭に立ち、公開会社にとって最も魅力的な州になった。今日では、州によってある程度の相違はあるものの、州の会社法は一般的に多くの権限を経営者に与えている」（米田保晴監訳『アメリカ会社法』雄松堂出版、二〇一〇年、五頁）。

（5）会社は定款によって正式に承認され、会社権力と経営者の権力は定款と特許状によって規制される。しかし、発起人集団は弁護士のところに行き、出来る限り広範な権限が行使できるような定款案を注文する。定款を実際に書くのは弁護士であるから、それは弁護士のさじ加減一つであらゆる機能を実際に会社に行使させられるものとなる。バーリはオハイオ州の事例を紹介しているが、それは「個人のグループが行うことが出来る事柄はすべて行うことが出来る」内容になっている。つまり発起人集団は会社の経営に何ひとつ制限を課すことのない定款を手にすることが出来たということである。（Berle, A. A., "Management Powers and Stockholders' Property," *Harvard Business Review*, Vol. 5, 1927, pp. 425–426.）

（6）ここで〝支配者〟とは、会社経営者を動員したり、あるいは選出するに足る投票ができる個人や小グループを指している。別の箇所では支配者集団（the control group）という言い方もなされている。バーリ＝ミーンズと言えば即「経営者支配（management control）」という発想につながるが、第二編、第三編ではこの用語は用いられておらず、大企業の〝支配者〟には経営者や支配株主が想定されていると言えよう。

（7）馬場克三『株式会社金融論』（森山書店、一九五〇年）第五章「株式会社の発展傾向」は、『近代株式会社と私有財産』第二編の内容を中心に詳細に紹介している。また森・前掲論文も参照。

（8）Berle and Means, *op. cit.*, p. 141.（北島訳、前掲訳書、一六九頁。）

（9）*Ibid.*, p. 188.（北島訳、同上書、二二二頁。）

（10）*Ibid.*, p. 220.（北島訳、同上書、二七八頁。）

(11) *Ibid.*, pp. 247-248.（北島訳、同上書、三一五—三一六頁。）

(12) 『近代株式会社と私有財産』は、実はマクミラン社から出版される数カ月前に、シカゴにある法律・財務専門の小さな出版社コーポレーション・クリアリング・ハウス社からすでに出版されていた。本の要約を読んだGMの関係者がこの出版社を所有するコーポレーション・トラスト・カンパニー社に感想を伝えたところ、同社は顧客としてのGMを失うのではないかと恐れてこの本の販売を打ち切るように指示を出し、そのため版権がマクミラン社に売却されることになった。出版大手のマクミラン社から改めて出版されることで、同書は多くの書評家のもとに送られ、また一般の書店でも流通し多数の人の目に触れることになったという。このことはバーリ＝ミーンズにとっては幸運だっと言えようが、GMは皮肉にもその後押しをしたということであり、同書は「メイド・イン・デトロイト」と記されねばならないとヘッセンは述べている。（Hessen, R., "The Modern Corporation and Private Property: A Reappraisal," *The Journal of Law and Economics*, Vol. XXVI, 1983, p. 180.）

(13) Dodd, E. M., "For Whom Are Corporate Managers Trustees?," *Harvard Law Review*, Vol. 45, 1932.

(14) Berle, A. A., "Corporate Powers as Powers in Trust," *Harvard Law Review*, Vol. 44 Issue 7, 1931.

(15) Berle, A. A., "For Whom Are Corporate Managers Trustees: A Note," *Harvard Law Review*, Vol. 45 Issue 8, 1932.

(16) Dodd, *op. cit.*, pp. 1147–1148.

(17) Berle, *op. cit.*, p. 1366.

(18) Berle, *op. cit.*, pp. 1366–1367.

(19) Berle, *op. cit.*, p. 1367.

(20) Berle and Means, *op. cit.*, p. 355.（北島訳、前掲訳書、四四八頁。）

(21) Berle and Means, *op. cit.*, p. 356.（北島訳、同上書、四五〇頁。）

(22) この点について村田稔は「経営者がすでに中立的なテクノクラシーとなり、社会のための企業運営をなしていると主張していたとする解釈は、一般にみられるところである。だが、バーリ、ミーンズの主張は決してそうではない。社会的義務の確固たる制度が作り出された時に、消極財産は社会のより大きな利益のために道を譲らねばならないという条件付きで、第三の道が主張されているのである」と指摘している（村田稔『経営者支配論』東洋経済新報社、一九七二年、九〇―九一頁）。

(23) Berle and Means, *op. cit.*, p. 356.（北島訳、前掲訳書、四四九頁。）

(24) ミーンズはこの間の経緯を次のように説明している。「バーリとミーンズは、ドッド教授にも受け入れられるような、二重のアプローチを提案した。それは、ドッド教授の立場を究極の目的として認めることに大いに役立ったものであるが、『説得力のある社会義務体系がつくりあげられ、一般に認められる』までつぎのような厳密な規定を維持すること―経営者を株主のための受託者として扱うこと―を主張、さらに、『財産権を支配から一時的に護るために厳密に行使することがあったとしても、他の集団の利益のためにこれらの権利を修正するのを防ぐことはできないであろう。』と述べた。」

Means, G. C., *Pricing Power and The Public Interest*, New York, Harper and Row, 1962, p. 311.（伊藤・北川・高野訳『企業の価格決定力と公共性』ダイヤモンド社、一九六二年、二九四頁。）

(25) Berle, *op. cit.*, p. 1372.

(26) Berle, A. A., *The 20th Century Capitalist Revolution*, New York, Harcourt, Brace & World, Inc., 1954, p. 169.（桜井信行訳『二十世紀資本主義革命』東洋経済新報社、一九五六年、一四五頁。）

(27) 会社が大学に寄付をすることを認めたのが一九五三年のA・P・スミス判決（A. P. Smith Manufacturing Co. v. Barlow）である。この判決の意義については、森田章『現代企業の社会的責任』商事法務研究会、一九七八年、中村一彦『企業の社会的責任―法学的考察―（改訂増補版）』同文舘出版、一九八〇年を参照。何れもバーリ＝ドッド論争に言及しているが、特に前者は詳細に論じている。

(28) Berle, A. A., "Foreword," in E. S. Mason, ed., *The Corporation in Modern Society*, Cambridge, Harverd University Press, 1966, p. vii.

(29) Dodd, E. M., Book Reviews: Dimock, M. E. and Hyde, H. K., *Bureaucracy and Trusteeship in Large Corporations*, *The University of Chicago Law Review*, Vol. 9 No. 3, 1942, p. 546.

(30) Berle, A. A., "Modern Functions of the Corporate System," *Columbia Law Review*, Vol. 62, No. 3, 1962, pp. 442–

443.

（31）Bratton, W. W. and M. L. Wachter, "Shareholder Primacy's Corporatist origins: Adolf Berle and The Modern Corporation," *Journal of Corporation Law*, Vol. 34, Issue 1, 2008, p. 101. の注5を参照。

（32）森は「第二編以降におけるバーリの論旨は、株式会社法制が諸々の側面でもはや現実に対応できなくなっているというところにあるが……経営者あるいは一握りの支配者に会社経営を取り仕切る実権が集まり株主全体の権限が剥奪されてきているのに、法が依然として株主主権のたてまえで事態を解釈しようとしていることである」と指摘した上で、「調整や解釈の修正程度では持ちこたえられないところまできているという実感が、バーリの論述の基底にある」と述べている。（森、前掲論文、八三頁。）

（33）バーリは一九三二年「ブレイン・トラスト」のメンバーとなり、ルーズベルトのニューディール政策に関わっていく。翌年、ルーズベルトが大統領になると、一九三三年証券取引法、一九三四年証券取引所法などが制定され、証券取引委員会（SEC）も創設された。バーリが『近代株式会社と私有財産』で問題にした法の不備は、少なくとも是正される方向に進んだ。なお、バーリ自身は証券取引法の制定に携わった。

（34）Berle, *The 20th Century*, p. 32.（桜井訳、前掲訳書、二三頁。）

（35）Berle, A. A., *The Power without Property*, New York, Harcourt, Brace & World, Inc., 1959, p. 77.（加藤・関口・丸尾訳『財産なき支配』論争社、一九六〇年、一〇八頁。）

（36）Berle, *The 20th Century*, p. 39.（桜井訳、前掲訳書、三〇頁。）

（37）*Ibid*., p. 52.（同上訳書、四一頁。）

（38）Berle, *The Power without Property*, p. 99.（加藤・関口・丸尾訳、前掲訳書、一三四頁。）

（39）*Ibid*., p. 110.（同上訳書、一四七頁。）

（40）この他のバーリ批判に関しては、例えば森田、前掲書、三〇—三一頁を参照。

（41）Rostow, E. V., "To Whom and For What Ends is Corporate Management Responsible?," in E. S. Mason, ed., *The Corporation in Modern Society*, Cambridge, Harverd University Press, 1966, pp. 46–71.

（42）Anshen, M. and G. L. Bach, *Management and Corporations*, New York, McGraw-Hill, 1960, p. 101.（名東孝二訳

『二〇年後の会社と経営』日本生産性本部、一九六三年、九一頁。）

（43）ハーマン理論に関しては、今西宏次『株式会社の権力とコーポレート・ガバナンス―アメリカにおける議論の展開を中心として―』（文眞堂、二〇〇六年）を参照。

（44）Herman, E. S., *Corporate Control, Corporate Power*, Cambridge, Cambridge University Press, 1981, p. 257.

（45）*Ibid.*, pp. 258-259.

（46）Berle, A. A., *The American Economic Republic*, New York, Harcourt, Brace Jovanovichi, Inc., 1963.（晴山英夫訳『財産と権力―アメリカ経済共和国―』文眞堂、一九八〇年。）

（47）Berle, "Foreword," viii.

（48）例えば、角野は「『近代株式会社と私有財産』の共著者としてのバーリ・ミーンズと法学者としてのバーリの見解が同じ著作の中に同床異夢的に展開されて」おり、「社会経済学的に株式会社制度を論ずるバーリ・ミーンズの見解と法学者としてのバーリの見解が、しばしば区別されず、引用されたり論じられることになった」と指摘している。（中村瑞穂編著『企業倫理と企業統治』文眞堂、二〇〇三年、一九九頁。）

第四章　バーリ＝ミーンズ理論の系譜

——制度派経済学と新制度派経済学の視座——

第一節　はじめに

アダム・スミス以来の古典派経済学や新古典派経済学は、市場における自由競争によって秩序が保たれるとした。つまり、当時以来一九世紀末まで経済学では、神の“Invisible Hand”（見えざる手）によって市場の均衡が保たれることが当然のこととみなされていた。しかし、一九世紀の中盤以降のアメリカ企業における空前の規模と多様性の出現によって、市場だけではなく、組織も経済生活において重要な役割を担う時代となった。チャンドラー（A. D. Chandler, Jr.）は、組織の中での新しい技術と資源の効率的な利用の追求をその著書“Visible Hand”（見える手）の中で詳述した。つまり、彼は大規模に統合された資本主義とそれを運営するプロフェッショナルな「見える手」である経営者階級の出現の一般的な理論的歴史的背景を明らかにした。(1)

本章は、バーリ＝ミーンズの理論的源泉と考えられている制度派経済学者であるヴェブレン（T.

Veblen）とコモンズ（J. R. Commons）、そして、バーリ＝ミーンズに影響を受けた制度論的経営学の系譜であるゴードン（R. A. Gordon）、ガルブレイス（J. K. Galbraith）、ドラッカー（P. F. Drucker）を取り上げる。さらに、近年経営学の分野でもかなりプレゼンスが高くなってきた新制度派経済学の代表的論者であるウィリアムソン（O. E. Williamson）を取り上げる。

第二節　制度派経済学とバーリ＝ミーンズ(2)

一　ヴェブレン

（一）企業の理論

ヴェブレンの時代には、企業は次第に大規模化し市場競争は激しくなり、ＧＭやデュポンに代表される独占・寡占形態が散見された。それに伴って機会主義的な企業行動が目立ってきた。したがって、必然的に企業倫理が問題になってくる。この問題は古くからあり、ルネッサンスの時期にすでに倫理的な取引慣行についての関心があったと考えられている(3)。例えば、商品は合法的で、立派で役に立つべきであり、価格は公正であるべきである。売り手はごまかしや脅迫で契約すべきでなく、だまされやすい人に売るべきではない。また、価格の上昇だけを求めて買う投機をする人々は重大な罪を犯している、などが主張されている。これらは現在でも通用するものであるが、一九世紀末のヴェブレンは、「買手は用心」（caveat emptor）すべきであるという企業倫理の準則を述べているが、その

社会的有用性に疑問を呈している。(4)

買い手が用心しなければならないのは、売り手が買い手を欺き、騙すからである。売り手、即ち商売人は昔から一般に非倫理的であった。非倫理的であるからこそ、倫理性が求められる。取引は平等性、公正性が求められるわけである。機械制工業が現われるまでは、商業は侍女、銀行業とともに緊密で包括的な企業体制にはっきりと組織された唯一の経済活動の部門であった。したがって、以前は「営利企業」(business)といえば「商業」(commerce)のことであって、それ以外のものを指すことはなかった。しかし、ヴェブレンは、企業の起源を一六〜一七世紀の中央ヨーロッパに求め、明確に産業革命以後のイギリスの営利企業に焦点をあてている。(5)

また一六〜一七世紀のいわゆる重商主義は、国王のための利益の拡大が主たる政策であった。アダム・スミスは重商主義に反発して自由主義経済学を創設した。ヴェブレンは、これに対して「現代の重商主義」という表現を用いる。一六、一七世紀の国王のための「重商主義」から一九世紀に入ると、企業者のための「重商主義」へと転換していった。ヴェブレンはアダム・スミスとは異なり、全面的に重商主義を批判していない。むしろ、重商主義を肯定しているかのようにみえる。それは、ヴェブレン独特の表現であり、若干の皮肉を込めた「現代の重商主義」批判なのであろう。もっとも、重商主義から自由主義へと変革したアダム・スミスの生きた一八世紀は歴史上重要な位置を占めていた。

ヴェブレンによれば、企業活動の物理的基礎は機械過程であり、精神的基礎は所有権の制度である。所有権の原理は、機械過程よりも古く、財産の原理である。機械過程は、本質的に近代の事実であり、産業体制の組織による企業のいっそう広範な支配の点では、まだその初期の成長段階にある最近の事実である。[6]企業活動の物理的基礎である機械過程とは、工場制機械工業のシステム全体のことである。したがって、機械過程そのものは、法則や秩序の基礎や拘束力、良否、善悪の問題とは無関係なのであって、技術の熟練者のこれまでの考え方からかけ離れてしまい、逃れることのできない現実となったのである。[7]

企業が株式会社化し、巨大化するにつれて企業家は制作本能（the instinct of workmanship）といういわば根源的なものづくりの本能をなくしてしまい、営利企業は衰退に陥ってしまうとヴェブレンはいう。企業の成長は、その物質的基盤として、機械技術に依存している。企業にとっては、機械制産業は不可欠のものである。企業は、機械過程がなくては存在すらできない。しかし機械過程の紀律は、企業の精神的、制度的基礎、即ち制作本能を失わせる。つまり、機械制産業は企業の継続的な成長と両立することができない。したがって企業は、機械過程と両立しないのである。[8]

営利企業が衰退する運命であるならば、企業家はどういう役割を演じているのであろうか。ヴェブレンは「産業の将帥」（Captains of Industry）という表現によって企業家の戦略と能力について言及する。[9]

「産業の将帥」は、具体的にはアンドリュー・カーネギーやジョン・D・ロックフェラーなどが該当するであろう。しかし彼らの名声は、泥棒貴族（robber baron）と呼ばれていたようにあまり芳しくない。実際に、ロックフェラーはスタンダードオイルを創設したが、巧妙に鉄道管理者とのコネを利用し、リベートを受けるだけでなく競合する石油業者からもリベートを獲得した。また、カーネギーは一時、アメリカの鉄鋼業の三分の二を所有支配したが、従業員のストライキに対し探偵の力を借りて組合に対抗しようとしたのである。[10]

もっとも、企業家は、何らかの慈善活動を行っていた。実際に、ロックフェラーはシカゴ大学に寄付し、後にロックフェラー財団となった。また、カーネギーもカーネギー・メロン大学を設立・寄付し、後にカーネギー財団となった。彼らは慈善家でもあったのである。[11] しかし、ヴェブレンによれば、これらは営利企業の副産物として偶然にあらわれる結果である。なぜなら、これらは個人的な選好、趣味、偏見などの妄想に依存するのではなくて、むしろ広い制度的な基礎に依存するからである。[12]

(二) ヴェブレンの制度概念

ヴェブレンによれば、制度とは、実質的にいえば、個人や社会の特定の関係や特定の機能に関する広く行きわたった思考習慣である。したがって生活様式というもの、つまり、あらゆる社会の発展過程の一定の時と所で効力をもつ諸制度の全体を構成するものは、心理学的な面からみて、広く行きわたった精神態度や人生観であるとおおよそ特徴づけることができよう。[13] これは、かなり広範な概念であり、しかも時代によって変化するはずである。したがって、ヴェブレンによれば、制度とは精神態度や習性であると同時に、生活と人間関係の特定の体系である。

そして、ヴェブレンは制度の例として、有閑階級制度をとりあげる。有閑階級の特徴は、顕示的消費という生活習慣にある。それは、節約心の欠如、即ち消費財に対する気前のよい支出である。これにより、世間の評判を得るのである。貯蓄よりも消費に向ける。それは、ヴェブレンの時代にはアメリカでは産業革命が終了し、巨大企業が独占するようになったことと呼応する。要するに、当時の一般の人々は非人間的な労働を余儀なくされ、しかも明日とも知れぬ運命に自らの家でさえ所有できないという状況であった。企業の規模が拡大するにつれ、そのような貧富の差がますます拡大する一方、顕示的消費が可能な階層が生まれ、有閑階級が出現するというのである。

精神的な存続と先祖返りは、有閑階級に限らず、制度一般に共通する特徴である。即ち、思考習慣は時代が変わってもその時代に適応するものであり、精神的に存続するものである。思考習慣の適応が制度の進化なのである。先祖返りというのは、その思考習慣は変化し続けるが、時には突然変異を起こし以前の時代と同じようになるということである。有閑階級という制度は競争心という古くからある経済的動機に基づいている。産業社会がますます進行するとどうなるのであろうか。ヴェブレンは、「魂のない株式会社」[14]という表現を使って、悲観的な見通しを述べた。「魂のない株式会社」という表現は、同時代を生きたウェーバーの表現に似ている。ウェーバーは官僚制の行く末を案じて、「精神なき専門人、心なき享楽人」が横行すると表現した。ヴェブレンにとって、株式会社は古代から存在する略奪の文化の再来なのであろう。

ここに、『企業の理論』（一九〇四年）と『有閑階級の理論』（一八九九年）の到達点を見出すことができる。それは「営利企業の衰退」であり、「魂のない株式会社」である。古くからの略奪形態は、所有と非所有という階級に分かれる。それは、土地や資本の所有である。中世では、土地を所有しない人々は小作人であった。産業革命以降、資本を所有しない人々は賃金労働者にならざるを得なかった。その帰結は、資本家階級即ち、ヴェブレンのいう有閑階級が労働者階級の犠牲のうえで成り立っており、いずれは崩壊する運命にあるというものである。もっともその根底には、商業という職業の危うさ、あるいは経済人に対する否定的な見解がある。

商業即ち企業家はある種のリスクを引き受けることは確かである。それがこの職業の危うさにつながり、世間的な名声は泥棒貴族であったり、慈善家であったりする。したがって経済人概念も、ヴェブレンにとって否定的にならざるを得ないであろう。ヴェブレンにとって、企業は厄介な存在であった。それは機械過程に組み込まれた労働者や閑暇にいそしむ有閑階級の出現を憂うことからもいえよう。ヴェブレンの理論は経営学というよりも、文明論的企業論であり、理論的スケールの大きさはマルクスやウェーバーに匹敵する。もっとも、その理論の緻密さにおいては彼らにはるかに及ばない。むしろ、ヴェブレンはアメリカ独占資本主義批判から出発した制度論的な、そして経営学的な議論を展開したところにその特徴がある。彼の透徹した眼識は、バーリ＝ミーンズの株式会社革命論、バーナムの経営者革命論、ガルブレイスのテクノストラクチャー論や新しい産業国家論、ドラッカーのマネジメント論の系譜に連綿と受け継がれている。

二　コモンズ

（一）コモンズの制度概念と取引概念

コモンズはその著『集団行動の経済学』（一九五〇年）で、現代は集団行動の時代であると提起する。コモンズにとって集団経済行動を行う主体は、会社、労働組合、政党である。彼のこの著書における研究の仮説は、「合理的なもの」はすべて立憲的であるということ、そして合理性は、相対立する経済的利害関係の代表者が自発的に集団行動の行為準則に賛成するときに実際に最高度に確かめられる。彼によれば、これは理想的ではないし、また論理的でもないし、かつまた革命的でもない。それは、それらの集団意志を各個人および相互に賦課するために組織化されたものであり、対立する経済的利害関係の現実的環境のもとにおいてなすべき、最高の実行可能のものが研究と交渉とによって発見されたものなのである。[15]つまり、会社の中での命令受容関係、あるいは労働組合と資本家のそれぞれの代表者が対等に団体交渉をする行為そのものは合理的であり、立憲的であり、理論や理想ではなく現実の組織活動の中で定着したということである。コモンズによれば、制度とは行為準則であり、その行為準則を実践するのが自治体、労働組合、病院、大学、会社などの組織体である。

またコモンズの重要な概念の一つに、取引概念がある。彼は、取引を希少性、メカニズム、そして行動準則の世界において、贈与、取得、説得、強制、詐欺、命令、服従、競争そして支配したりする二人以上の意思であると定義している。[16]コモンズの時代には株式会社、労働組合や普通選挙の普及に至り、経済学の法的根拠は変わりつつあった。会社は市場で評価されるような莫大な有形財産を所有するようになり、個人は会社の株式や社債を所有するようになった。新しい普通選挙の後盾を得た労働者は、組織を作って会社や個人所有者と集団的に契約する法的権利を獲得した。コモンズによれば、取引概念は割当取引、経営取引、売買取引の三つの型の取引に区別できる。[17]

コモンズはこの取引概念によって、市場と組織を超越した統合的な分析が可能になるという。割当取引は労使関係の取引、経営取引は命令受容関係の取引、売買取引は商品の取引であると言い換えることができよう。労使関係と命令受容関係の取引は組織内で行われ、売買取引関係の取引は市場で行われるということが分析できる。しかしながら、コモンズの理論は独断的であるという批判が多い。確かに、取引概念は、直感的に納得がいくにしても、その後にどう応用し展開していけばよいか不明な点がある。これらをすべて取引概念で統一するのであれば、さらなる詳細な分析がなければならないが、コモンズはそれをしていない。ウィリアムソンもコモンズの取引概念に対して、後継者が育たなかったので理論的発展がなかったと述べている。[18] もっとも、その理論は古典派経済学の枠組みを超え、しっかりと現実を見据えたものであり、プラグマティックな経営学の方法論に近い。

（二）コモンズとバーリ＝ミーンズ

コモンズは、バーリ＝ミーンズを経済学の文献の中でも歴史的に最高に価値のあるものであると高く評価する。[19] そして、バーリ＝ミーンズの研究を制度派経済学の発展の序章と表現するコモンズは、かなりのページを割いて付録としてバーリ＝ミーンズの著作について検討している。

「バーリおよびミーンズは、幾百万の未組織的投資者との取引について、「経営」または「支配」の発生に関する彼らの詳細の説明において、この中心的問題の鍵を与える。彼らは「実体」としての会社と、株式社債の持主とを区別する。即ち法律学説によって創造された人為的な人格と、支配的経営体によってこの実体の存在と優越性とを永存させる集団的行動に進軍させられている幾百万の株主および社債主との間の区別をする。これは私が「操作された集団行動」とよぶものの特別の場合であり、組織化された集団行動と、慣習による非組織的集団行動との中間のどこかにあるものである。この示唆された集団行動はほかにどこでも、即ち政治にも、労働運動にも、また農民運動にも見い出されるであろう。[20]」

「操作された集団行動」とは、株主たちは実際に組織化された集団行動をしているわけでもなく、非組織的にバラバラに行動しているわけでもない行動であり、彼らはただ所有と経営の分離の状況に身を任せたまま同じような支配集団になっているということである。

バーリ＝ミーンズの著作の結論は私有財産の所有権が危機的な状況に陥るというものであり、資本主義の根幹を揺さぶるものである。したがって、彼らの著作は革命的両極端であるロシア革命や全体主義に至った理論的背景を説明するのに好都合である。コモンズは、バーリ＝ミーンズの研究には終局の目的と暫定的な目的という二つの目的があることを指摘する。終局の目的とは、経済力と政治力との対立の研究に焦点をあてることによって、行政委員会の役割を提言するというものである。暫定的な目的とは、アメリカの会社が伝統的経済学では考えられもしなかったような地位への道を示すことにある。そこでは経営者が投資者や株主から分離され、企業の純利益を最大限に得て、これを分配する目的で産業を支配し統治するという特別の職分をもつのである[21]。前者は、政府当局から行政委員会への権限委譲であり、後者は株主から経営者への権限委譲である。おそらく、彼は最終的にはバーリ＝ミーンズの研究を政治的著作であるとみなしているのであろう。

第三節　バーリ＝ミーンズの後継者の系譜[22]

一　ゴードンのビジネス・リーダーシップ論

ゴードンは一九〇八年に生まれ、一九三四年ハーバード大学でＰｈＤを取得後、ハーバード大学、カリフォルニア大学バークレー校講師を経て、一九四七年に教授となった。学外では戦時生産局、アングロ・アメリカン連合資材局の職員などの要職を経験し、会社組織、価格理論、貨幣・信用および景気変動の領域において顕著な業績を残した経済学者であった[23]。

ゴードンのビジネス・リーダーシップ論は、バーリ＝ミーンズの議論とは異なり、実質的には経営者支配になっている大企業経営者の行動に一歩踏みよったものとなっている。彼は、企業内部の最高経営層や利害者集団の機能を意思決定概念やリーダーシップ概念で分析した。さらに、金銭的インセンティブや非金銭的インセンティブなどの今日的なテーマにも言及しており、バーリ＝ミーンズの著作に並ぶ経営学の古典である。

巨大企業の出現に伴い、経営構造は著しい変化を遂げた。経営職能の分担、上下階層の間の命令受容関係の複雑化、企業外部の利害者集団の発生など、今日では当然のごとくいわれる現象が二〇世紀の半ばにはすでにアメリカでは問題になっていた。ゴードンによれば、会社における「企業者」とは誰かという問題に対して若干の考察が行われてきているが、これまでいかに委任され、分担されているかに関して統御と責任の問題が多くの研究によって裏付けられてはいなかった。そして、この重要な端緒がバーリ＝ミーンズにおいて開かれたが、もっともこの研究は、特に大企業において重要な決定がいかにして、誰によってなされるかを詳細に規定していなかったという。まさに、このゴードンの指摘は的を射ていた。

ゴードンの問題提起は①官僚制組織におけるリーダーシップ職能の問題、②ビジネス・リーダ—シップ職能の意味、③ビジネス・リーダーシップの担い手の問題、④ビジネス・リーダーシップの効果である[24]。そして、彼は有名なビジネス・リーダーシップ論を展開する。ビジネス・リーダーシップとは、「企業を組織し指導する職能であり、経営の諸活動の進路を規定するところの諸決定をなす職能である。個々の事業を経営することによって、全体として、指揮者達は、全一体としての経済機構における活動の進路を方向づける[25]」のである。したがって、「一般に大会社におけるビジネス・リーダーシップには、会社の諸活動に対し、強い衝撃を与うべき重要なる経済的可変条件に影響を及ぼす諸決定の発案ならびに採択（これらの決定を行う人の選任を含む）、および調整ないし組織の創造ならびに維持が含まれている[26]」。

つまり、ビジネス・リーダーシップを発揮する人物とは、現代経営学でいうトップ・マネジメントのことである。また、彼はリーダーシップに関連して、パワー、影響力との関係についても論及する。ゴードンによれば、利害者集団とは、株主、金融者集団、国家機関、競争者、供給者、顧客、労働者集団、知的職業者集団（弁護士、技術士、会計士）などである。つまり、これら外部利害者集団は、パワーをもつが同時に企業に対する影響力も持っている。しかし、彼らはリーダーシップとは無縁なのである。

ゴードンは、バーリ＝ミーンズのように経済学的な論理ではなく、経営学的に企業をとらえた。企業を単なる企業家の所有するものではなく、経営者のリーダーシップ即ち、経営者の自己裁量に関することまで考慮に入れ、さらに取締役会の機能の強化を主張したという点では今日のステークホルダー論やコーポレート・ガバナンス論などの先駆的な研究としてもっと高く評価されてよいであろう。

二　ガルブレイスのテクノストラクチャー論

ガルブレイスは一九〇八年カナダ生まれで、二〇世紀アメリカの制度派経済学者のうち最も有名な人物である。彼の仕事の多くは、初期の制度派経済学者ヴェブレンのものと似ており、現代経済における企業の重要な役割のインプリケーションを探求しようと試みた。一方で、一貫して政府は財政政策、価格政策や所得統制を混合して総需要のレベルを抑制するべきであると唱えた。ガルブレイスの初期の専門は、農業経済であり、一九四〇年にはアメリカ農場局同盟の経済研究部長であった。しかし、いち早くケインズのマクロ経済学の重要性に目をつけ、一九三九年にはすでに農場収入の議論の中で、国民所得のレベルの重要性を説いていた。彼は、金融政策や完全雇用の手段としての公共事業の有効性よりも財政政策の方を重視した。そして、一九四一年から一九四三年まで政府の物価統制者として勤務した経験から、『物価統制の理論』（一九五二年）を著した。また、同じ年に『アメリカ資本主義』も著し、彼の現代企業の分析がここから始まった。そこでは、一九世紀の競争的な環境から寡占に置き換わったのだと主張した。彼にとっては、産業の集中とともに拡大する企業の唯一のチェック機関が労働組合であり、「対抗相手」でなければならなかった。[27]

彼の最も有名な著作『豊かな社会』（一九五八年）では、ケインズ主義は、生産の拡大によるあらゆる社会病理を治癒しようとする誤った哲学に発展したと論じた。生産の成長を維持するためには、企業は広告やマーケティング技術を使って欲求を掘り起こさなければならない。彼によれば、この私企業の生産の奨励は、公共部門の犠牲にあり、私企業の豊かさと公共部門の貧困さとの社会的不均衡を生み出すのである。

『新しい産業国家』（一九六七年）では、アメリカの大企業は「テクノストラクチャー」なる集団が影響力を行使するようになったと主張した。[28] 企業は経営者によって運営されているのであって、所有者によって運営されているのではない。所有と経営の分離は、ガルブレイスのいうテクノストラクチャーを生み出した。いわゆる知識労働者を含め、また特定の技術をもつ熟練労働者まで包摂する。ガルブレイスは、企業の外の科学者、技術者、教育者がテクノストラクチャーとともに影響力を行使するという。ガルブレイスのテクノストラクチャー概念は、バーナムの経営者概念に近いものの、バーナムほどラディカルではなくより洗練された形で提起されている。ここに市場の時代から組織の時代へと進化していった姿がある。

三　ドラッカーのマネジメント論

ドラッカーは一九〇九年ウィーンに生まれ、一九三〇年代まではヨーロッパでジャーナリストかつエコノミストとして生活していた。その後、ナチスの迫害を逃れるために一九三八年にアメリカに移住した。一九四二年にはベニントン大学、ニューヨーク大学教授の地位を得て、二〇〇三年までクレアモント大学教授であった。アメリカでは、研究者、著述家の他、GM、IBM、GE、シアーズローバックなどの経営コンサルタントとして活躍した。彼は、企業を政治的社会的制度として強調した。彼の著作の中で最も有名な概念は、目標管理（MBO）であるが、彼の論考は産業社会論、産業文明論、経営思想論、経営哲学まで広範なものである。

一九三六年、ドラッカーは処女作『経済人の終焉』を発表し、なぜ、ヨーロッパにファシズムのルーツがあったのかを明らかにし、ファシズムの経済的源泉の研究として高く評価された。彼の第二作『産業人の未来』（一九四二年）は、第二次世界大戦中に出版されたものだが、戦後の世界の本質をかなりの正確さで予想したものであった。この時から、彼の関心は政治や社会の研究から特定の組織の研究に移っていった。第三作『会社の概念』（一九四六年）では、彼の提示した組織のタイプが政治、経済、社会の将来をリードするであろうと叙述した。第二次世界大戦前、アメリカにおけるマネジメントは、科学としてのマネジメントを提起したテイラーやフォードによる諸原則に負っていた。ドラッカーは、リベラルなヒューマニストという背景からマネジメントを科学としてみなす代わりに、経営者の職務のすべての基礎になる原則であるマネジメントの一般原則を模索したのである。[29]ドラッカーによれば、一九一八年のロシア革命と一九二九年の世界大恐慌以降は、時代が変わったという認識である。つまり、これは産業社会論である。さらに、産業社会論から産業組織論、企業制度論へシフトしている。[30]そこでは、ドラッカーは、バーリ＝ミーンズ以来の経営者支配論よりももっと踏み込んだ「権力論」を当時は主張していた。[31]

即ち、経営者は株主の財産権にもとづく権力から独立した独自な存在であり、株主の権力は自らその行使を放棄せざるを得ない状況である。なぜなら、株式の所有者は株主の分散化によって経営する権力を行使できなくなったからである。その後ドラッカーは、マネジメントを経営者や管理者の課題、責任、実践として、多岐にわたる著作を数多く出版していった。

先述した以外では、邦訳名として列記すれば、『新しい社会と新しい経営』（一九五〇年）、『現代の経営』（一九五四年）、『変貌する産業社会』（一九五九年）、『明日のための思想』（一九六九年）、『創造する経営者』（一九六四年）、『経営者の条件』（一九六七年）、『断絶の時代』（一九六九年）、『マネジメント―課題・責任・実践』（一九七四年）、『イノベーションと企業家精神』（一九八五年）、『新しい現実』（一九八九年）、『非営利組織の経営』（一九九〇年）、『ポスト資本主義社会』（一九九三年)、『明日を支配するもの―二一世紀のマネジメント革命』(一九九九年)、『ネクストソサエティ』(二〇〇二年)などがある。このように彼は、六〇年以上にわたって広範な領域の著作を書き続けた。晩年は知識社会論、イノベーション論、非営利組織論、リーダー論、未来社会論まで論じている。したがって、その理論の本質をつかみにくいことは否めないが、実は非常にシンプルである。それは、経営管理機能即ち、マネジメントとは何かということである[32]。つまり、マネジメントの本質は、①企業とは何か(戦略ドメインの策定)を追求すること、②顧客をセグメントすること、③顧客ニーズを把握すること、④顧客満足(CS)を追求すること、⑤ドメインを再定義すること、⑥企業の社会的責任やステークホルダーを重視することである。

彼の理論は日本においては、経営学界はもとより実務界にかなりの程度浸透している。その論考はマネジメントの理論というよりも文明論的であり、また処世術的でさえある。ドラッカーは、経営者、管理者、あるいは従業員が組織の時代において重要な果たすべき役割について説いた。つまり、バーリ=ミーンズ以来の経営者支配がいかにして現実の企業あるいは非営利組織の中で正当性をもつのか、そして経営者・管理者、また従業員がなすべきことは何か、ということを提示したのである。

第四節　新制度派経済学とバーリ=ミーンズ

新制度派経済学は、一九七〇年代以降の新古典派経済学に対する新しい経済学の潮流として、主として企業をめぐる組織制度の形成や発生を分析しようとする学派である。この学派は、同じ制度派と名のつくヴェブレン、コモンズらの制度派経済学とは根本的に思想が異なり、またバーリ＝ミーンズ以来の制度論的経営学にはない独自のガバナンス論を唱えており、近年の経営学の分野でも大いに注目されている。この学派は、コース（R. Coase）やウィリアムソンによる取引コスト理論、ジェンセン（M. C. Jensen）とメックリング（W. H. Meckling）らによるエージェンシー理論、アルチャン（A. A. Alchian）やデムゼッツ（H. Demsetz）らによる所有権理論などを総称するものである。本節では、新制度派経済学の代表的な論者として取引コスト理論（経済学）を提唱したウィリアムソンの理論に焦点をあてる。

一　ウィリアムソンの取引コスト経済学[33]

ウィリアムソンは一九三二年生まれで、カーネギーメロン大学で博士号の学位を取得しており、当初はサイモン、サイアート、マーチを中心とするカーネギー学派に属していた。サイアート・マーチ編著『企業の行動理論』（一九六三年）の中の論文「合理的経営者行動のモデル」や最初の著書『裁量的行動の経済学』（一九六四年）では、利潤最大化目標に代わる新しい企業目標の提示を目指していた。彼は、一九六六年から一九六九年にかけて、反トラスト問題のエコノミストとして米国法務省に勤務した経験から垂直的統合やコングロマリットの分析・研究に着手していた。二作目の『現代企業の組織革新と企業行動』（一九七〇年）では、前作と同様に経営者の裁量的行動即ち経営者の目標・

動機を主張する傍ら、職能別組織（U形態）と事業部制組織（M形態）の組織形態の比較分析を行っている。その結論は事業部制組織に沿って大企業を運営することは、職能別組織よりも利潤最大化基準にマッチするというものであった。この時点では、サイモンの限定合理性概念は、文字通り「限定的な」意味で導入されていた。組織規模が拡大し組織階層数が増大するのに伴うコントロールロス（統制上の損失）、即ち協働する能力に限界があるために内部的統合のための費用がかかるというものである。当時のウィリアムソンにとっては、チャンドラーの『経営戦略と組織』（一九六二年）を読んで感銘を受け、事業部制組織と効率の問題を分析することが当面の課題であった。

一九六〇年代末から一九七〇年代初めの経済学では、医療や保険制度などの非市場形態での資源配分問題、内部労働市場問題、情報の非対称性などがクローズアップされていた。ウィリアムソンは、この状況から取引の研究に進み、主著『市場と企業組織』（一九七五年）の完成に至るのである。この著書の下地となったのが、コモンズの取引概念、コースの市場コスト概念、ハイエクの不確実性と情報の問題、そしてサイモンの限定合理性概念である。主著では、標準的・伝統的なミクロ経済学の非現実性を説き、取引コスト概念の重要性を強調している。しかしながら、またウィリアムソン自身の新制度派経済学は伝統的な分析（新古典派）に取って代わるものではなく補完するものとみなすことを強調している。主著は、周知のように大反響を呼び、経済学や組織論領域の他に企業論、産業組織論、多国籍企業論、労働経済学、労務管理理論、マーケティング論、経営史、独占禁止法など広範囲にわたる領域に組織と市場についての新しい視点を開き、二〇〇九年にノーベル経済学賞を受賞し

図表 4-1　サイモンとウィリアムソンの分析単位の比較

分析単位	重要な特徴	中心問題
意思決定前提	役割・情報・個人特殊性	人間の問題解決
取引	頻度・不確実性 資産特殊性	垂直的統合

出所：Williamson, O. E., *The Mechanisms of Governance*, Oxford University Press, 1996, p. 235. より一部抜粋。

た。

取引コスト経済学は、限定合理性と機会主義の仮定を取り入れている。人間は合理的に行動しようとするが、限定的にしか追求できないという限定合理性は、サイモンから引き継いでいるが、機会主義はそうではない。ウィリアムソンによれば、「取引コスト経済学は人間の認知は限定合理性に左右されるが、人間の邪悪さの程度の解釈がサイモンとは違う(34)」という。サイモンの解釈では、人間にはある程度邪悪さがあるが、その点については慎重であり疑いの念を持つ。人間にはある種の尊敬や信頼という他の本質でその邪悪さと現実的にバランスをとる性質があるという。つまり、人間の持つ限定合理性とそれに付随する動機や理性の弱さを認めるという見解である(35)。これに対して、ウィリアムソンは、人間の邪悪さを人間の動機や理性の弱さの問題としてとらえず、人間の狡猾さを求める自己利害に注目し機会主義を採用する。

サイモンは、分析の単位として意思決定前提を提起したのに対して、取引コスト経済学ではコモンズから援用した取引概念が分析の単位である（図表4−1）。

取引コスト経済学の扱う重要な問題は、垂直的統合である。さらに、取引コスト経済学はある程度の相互依存関係にある資産特殊性に焦点をあてる。一般に、取引コスト経済学は契約関係のガバナンスに関係する。それは、コモンズが言及したゴーイング・コンサーンと類似点をもっている。したがって、製品市場、労働市場、資本市場などを介在する企業組織は、多様な取引コストを節約するという性質をもっている。ウィリアムソンは、このような議論こそが実証的な組織理論研究がこれまで長らく妥当な分析単位の欠如や操作化に悩まされてきたことへの解決方法になると主張する。(36) 例えば、日本の自動車産業の歴史的変遷の事例を取引コスト概念で説明可能である。(37)

二　ウィリアムソンのガバナンス論

ウィリアムソンによれば、ガバナンス構造は三層に分かれる。(38) 個人、ガバナンス、制度的環境である。この三つのレベルはそれぞれ互いに関係をもっており、主要な影響は実線の矢印で示され、そのフィードバックが波線の矢印で示される。ガバナンスは企業などの組織体とみなされる。

個人のレベルでは、取引コスト経済学は、人間は限定合理性の影響を受けるという命題を明確に採用しているが、サイモンのいう動機や理性の弱さを認めて自己利害を追求するという見解とは異なる。取引コスト経済学は、この弱さを機会主義に置き換え、自己利害を追求する狡猾な人間像を想定している。したがって、図表4―2の個人の行動特性は、狡猾さを含んだ自己利害を追求するものとみなす。

ガバナンスのレベルでは、三つの見解を述べている。(39) 第一に、取引コスト経済学は、法学、経済学、組織理論を含む学際的なものであるということである。法律は、制度的環境に端を発する制約を反映し、物事をいかに行うかを規定する。また、「組織は自らの生命をもつ」という組織理論の行動仮説を取り込んでおり、「ガバナンス」の中の矢印はそのことを意味している。経済学は、合理的精神から分析する中核的な論理を提供している。第二に、取引コスト経済学は、比較制度分析をおこなう。即ち、組織、市場、あるいはその混合、そして公共部門の有効性が取引の特性に関連づけて検証される。このガバナンス（組織体）からは、制度的環境に対して「戦略的」という破線の矢印があり、これは機会主義を意味する。一方、個人に対して「内生的選好」（Endogenous Preference）という破線の矢印があるが、これは個人の選好や行動に対して、ガバナンス（組織体）から何らかの影響を受けることを意味している。第三に、特に重要なことは、経済組織の中心問題は、市場を通じて価格に対する対応を遂行する自律的適応と企業内での決定の支援を受けて遂行する協働的適応のどちらをとるかといういわゆるメイク・オア・バイ（make or buy）問題である。

図表 4-2　ガバナンス構造の枠組

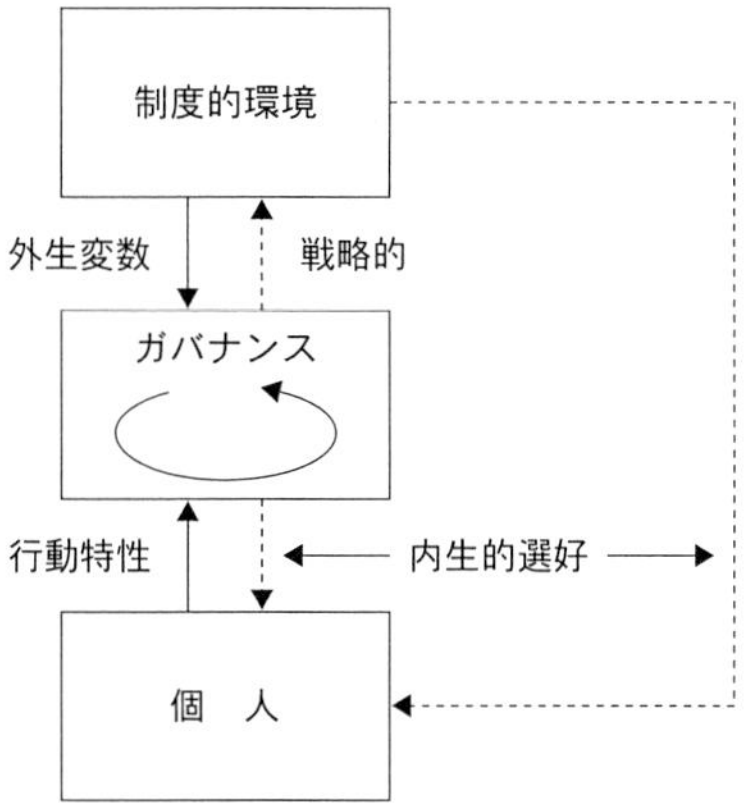

出所：Williamson, O. E., *The Mechanisms of Governance*, Oxford University Press, 1996, p. 326.

　制度的環境のレベルでは、ガバナンスとは対照的に制度的環境に非常に多くの比重がかかる。例えば、取引の直接の当事者や関係者によってなされた私的な決定やそれに関連する国家の制度によって保証されている裁判所の判決は大きな制約条件となる。制度的環境からガバナンスへ出ている実線の矢印である「外生変数」は、あらゆるステークホルダーを含めた制度的環境がガバナンス（組織体）に影響していることを意味する。また、制度的環境から個人への破線の矢印の「内生的選好」は、企業などの中にいる個人は、企業から影響を受けるのと同様に法律やそれ以外の制度的環境に影響を受けることを意味する。

三　バーリ＝ミーンズとウィリアムソン

前項で述べたように、ウィリアムソンの新制度派経済学は新古典派にとって代わるものではなく、補完するものであると彼自身が明言する。したがって、サイモンの限定合理性概念を援用しているものの、人間の邪悪さを人間の動機や理性の弱さとはとらえず、人間の狡猾さを求める自己利害に注目し、機会主義をその理論の骨格としている。分析単位は、取引であり垂直的統合を中心的な問題と位置づける。この結果、取引コスト概念を用いて組織構造論（組織デザイン論）、組織間関係論、コーポレート・ガバナンス論（コーポレート・ファイナンス論）[40]などの広範な分析が可能になった。

しかしながら、バーリ＝ミーンズのいう経営者の社会的責任論、即ちＣＳＲ論や企業倫理の問題については、ウィリアムソンは触れていない。それは、人間の邪悪さを認めて機会主義の立場をとることからすれば当然であろう。ウィリアムソンの理論は、ヴェブレンが企業を「魂のない株式会社」と嘆いた企業家や経営者の倫理感、コモンズが指摘した私有財産の所有権の危機、ゴードンが指摘した取締役会の機能（ガバナンス）強化論、知識労働者の影響力まで考慮するガルブレイスのテクノストラクチャー論、そして、ドラッカーの経営者権力の正当性論、知識社会論、イノベーション論、非営利組織論などとは、初めから研究の方向性がまったく異なる。ウィリアムソンによれば、ガバナンスとは、組織体そのものであり、個人や制度的環境と相互作用しながら存続していく存在である。換言すれば、企業とはガバナンスの制度であり、人間の邪悪さや機会主義もすべてそこに内包されているのである。

第五節　おわりに

本章では、バーリ＝ミーンズに影響を与えた制度派経済学者であるヴェブレンとコモンズをはじめに、バーリ＝ミーンズの後継者たる制度論的経営学者であるゴードン、ガルブレイス、ドラッカーの各理論についての系譜をたどった。そして、バーリ＝ミーンズの理論とは研究の方向性が異なるが、ガバナンス論の新境地を開いた新制度派経済学者であるウィリアムソンの理論を検証した。結論的には、CSR論や企業倫理の問題は、ウィリアムソンの取引コスト経済学では想定されていない。結局、ヴェブレンのいう「魂のない株式会社」にならないためには、起業家、経営者や従業員らが人間の邪悪さや機会主義を補うようなお互いの信頼関係や尊重といった人間そのものの良心に依存せざるを得ないであろう。そのような人間論的な概念を包摂したガバナンス論が求められているのである。

そういう意味で言えば、バーリの「会社良心論」は今でもその有用性は失っていない。バーリは、その著『二十世紀資本主義革命』（一九五四年）の第三章「王の良心と会社の良心」の中で、次のようにいう。

「経営者の権力はほとんど絶対的にならざるをえないであろう。もし経営者によるあらゆる決定がその功罪のすべてについて審査されうるとすれば、審査する権威者―裁判所・調査委員会・取締当局等―は、古い言い方をすれば、「事業判断をもって経営者の事業判断に代えつつある」ことになるであろう。実際には、その審査をするものが事業を運営していることになるであろう。もし何か決まっていることがあるとすれば、それは許された使用の範囲内における権力の行使は、ひとりだけの仕事であるということである。その範囲内において、真の裁判官は、行為するその人ないし人々の良心である。[41]」

会社の良心とは、会社権力に従属している個人や利害関係者によって、彼らが権利として会社に訴えられるように制度化することである。[42] それは組織としての会社即ち、企業の制度の問題だけでなく、企業の経営者の良心にも適用される。またバーリは、第五章「会社資本主義と『神の都』」の中で次のように言及している。

「真に偉大な会社経営者たちは、意識的に哲学的考察を払わなければならない地位に、歴史上はじめて達したということが、事実であるように思われるからである。彼らは、それを彼らが信じ、それに彼らが奉仕し、それを彼らが建設し維持することを助けようと思うような種類の社会を考えなければならない。要するに、彼らは、少なくとももっと基本的な言葉で「よい生活」という古来の問題を考え、また、どうすれば社会における彼らの活動が、そのよい生活を与え、もしくは、促進することに適応されうるかを考えなければならない。彼らは、彼らの見解に正確な表現を与えようと努めるかもしれないし、あるいは、彼らは、かくされた前提に立って前進するだけであるかもしれない。しかし、明示的であろうと暗示的であろうと、前提は存在している。[43]」

要するに、経営者は権力をもっているのであるが、みずからの哲学即ち、良心をもって意思決定すべきであり、より良い社会生活を送るためには、経営者のその判断が非常に重要だということである。バーリは、この考え方を理想論であることは自ら認めている。多くの実業家たちは、この種の考え方に慣れていないという。しかしながら、バーリは楽観的であり、ニュージャージー・スタンダードオイル社のフランク・エーブラム取締役会長の大学への寄付行為の事例なども取り上げながらアメリカ経済社会を信頼する。[44]

さらに、バーリは古代キリスト教の神学者アウグスチヌスの『神の都（国）』を企業になぞらえて、企業という制度の永続性を次のように唱える。

「彼（アウグスチヌス）の研究『神の都』は、政治学の仮説を印象的に簡単に述べたものであった。諸事のあらゆる有形な制度的組織の基礎をなし、それに介入し、それを補充し、ついにはそれを支配するものとして、世々にわたって継続し、ついには権力を支配する道徳的・哲学的組織が必ず存在した。この哲学的内容のみが、諸制度に永続性を与え、この哲学的組織は制度を創造してもなお存在し続けた。これをアウグスチヌスは「神の都」と名づけた。これは、どこにどう置かれようとも、人々の心に直接働きかけたから、それはいかなる枠の中にある人々の活動をも促すことができ、かくしていかなる制度も導くことができた[45]。」

バーリは、このように大きな希望をもって当時のアメリカ社会を考察していた。神の都（国）の実現のためには、企業や国家に奇跡的に聖者となるような深い人間性を備えた人々の存在を待たなければならないとバーリも認めている。そして、個々人の自己実現を可能にさせるための制度や救済手段が必要であるという[46]。

この「会社良心論」や「神の国論」は、あまりにも規範的であるとの批判は可能であろう。しかしながら、バーリのこの人間論的な概念を包摂したガバナンス論は、二一世紀の今日でも企業の不祥事が絶えず解決の糸口さえも見つからない中で、十分に再評価すべきであろう。

（福永文美夫）

注

（1） Warner, M., ed., *The IEBM Handbook of Management Thinking*, Thomson Business Press, 1998, pp. 99–102.

（2） 本節は、福永文美夫『経営学の進化―進化論的経営学の提唱―』文眞堂、二〇〇七年、第三章経営学と制度派経済学を要約引用し、大幅に加筆修正した。

（3） Wren, D. A., *The Evolution of Management Thought*, Fourth Edition, John Wiley and Sons, 1994, pp. 22–23. お

よび Wren, D. A., "Medieval or Modern? A Scholastic's View of Business Ethics, circa 1430," *Journal of Business Ethics*, 28, 2000. を参照。レンによれば、一四三〇年頃に書かれ、一四六八年頃に出版されたフライヤー・ヨハネス・ニーダー（Friar Johannes Nider）の「商契約慣習について」（De Contractibus Mercatorum）が企業倫理の問題について最初に言及されたものである。

（4） Veblen, T., *The Theory of Business Enterprise*, Charles Scribners Sons, 1904, pp. 43–44.（小原敬士訳『企業の理論』勁草書房、一九六五年、三七頁。）

（5） *Ibid*., pp. 303-304.（同上訳書、二四〇―二四一頁。）

（6） *Ibid*., p. 66.（同上訳書、五五頁。）

（7） *Ibid*., p. 311.（同上訳書、二四六―二四七頁。）

（8） *Ibid*., p. 375.（同上訳書、二九六―二九七頁。）

（9） *Ibid*., pp. 29–30.（同上訳書、二六頁。）

（10） Wren, 1994, *op. cit*., pp. 93–94.

（11） *Ibid*., pp. 95–97.

（12） Veblen, *op.cit*., pp. 379–380.（同上訳書、三〇〇頁。）

（13） Veblen, T., *The Theory of the Leisure Class: An Economic Study in the Evolution of Institutions*, 1899, p. 190.（高哲男訳『有閑階級の理論―制度の進化に関する経済学的研究―』ちくま学芸文庫、一九九八年、二一四頁。）

（14） *Ibid*., p. 211.（同上訳書、二三五頁。）

（15） Commons, J. R., *The Economics of Collective Action*, The Macmillan Company, 1950, p. 25.（春日井薫・春日井敬訳『集団行動の経済学』文雅堂、一九五八年、二九頁。）

（16） Commons, J. R., *Legal Foundations of Capitalism*, The Macmillan Company, 1924, p. 7.

（17） Commons, 1950, *op. cit*., p. 43.（春日井他訳、前掲訳書、五〇―五一頁。）

（18） Williamson, O. E., ed., *Organization Theory: From Chester Barnard to the Present and Beyond*, Oxford University Press, 1990, p. 187.

(19) Commons, 1950, *op. cit.*, p. 314.（春日井他訳、前掲訳書、三五四頁。）

(20) *Ibid.*, pp. 299-300.（同上訳書、付録三三八頁。）

(21) *Ibid.*, pp. 302-303.（同上訳書、付録三四一頁。）

(22) 本節は、福永、前掲書、第四章制度論的経営学の系譜を要約引用し、大幅に加筆修正した。

(23) ゴードンの略歴は、Gordon, R. A., *Business Leadership in the Large Corporation*, Brookings Institution, 1945. の邦訳版である平井泰太郎・森昭夫訳『ビズネス・リーダーシップ―アメリカ大会社の生態―』東洋経済新報社、一九五四年の原著者紹介を参照した。

(24) *Ibid.*, pp. 10-11.（同上訳書、一一頁。）

(25) *Ibid.*, p. 5.（同上訳書、五頁。）

(26) *Ibid.*, p. 53.（同上訳書、五八頁。）

(27) ガルブレイスの略歴は、Warner, ed., *op. cit.*. を参照した。

(28) Galbraith, J. K., *The New Industrial State*, Houghton Mifflin, 1967.（都留重人監訳『新しい産業国家』ＴＢＳブリタニカ、一九八〇年、九八―九九頁。）

(29) ドラッカーの略歴は、Warner, ed., *op. cit.*. を参照した。

(30) Drucker, P. F., *The Future of Industrial Man: A Conservative Approach*, John Day, 1942.（田代義範訳『産業人の未来』未来社、一九六五年、六九頁。）

(31) *Ibid.*（同上訳書、八九頁。）

(32) Wren, D. A. and R. G. Greenwood, *Management Innovators: The People and Ideas That Have Shaped Modern Business*, Oxford University Press, 1998, p. 232.

(33) ウィリアムソンの略歴は、福永、前掲書、一五四―一五六頁を要約引用し、加筆修正した。

(34) Williamson, O. E., *The Mechanisms of Governance*, Oxford University Press, 1996, p. 224.

(35) *Ibid.*, p. 224.

(36) *Ibid.*, p. 235.

(37) 菊澤研宗『組織の経済学入門―新制度派経済学アプローチ―』有斐閣、二〇〇六年、六〇―六一頁では、トヨタ自動車の部品メーカーとの取引の現実を取引コスト概念を用いて終戦直後は特殊な資産をもつような取引関係ではなかったのでスポット的な短期取引が行われ、高度成長期は特殊な資産をもつような部品メーカーが絞られた結果、長期的取引が行われたと例証している。
(38) Williamson, *op. cit.*, pp. 325-328.
(39) *Ibid.*, p. 327.
(40) *Ibid.*, Chap. 7 'Corporate Finance and Corporate Governance.' この章では、ウィリアムソンは取引コスト経済学とエージェンシー理論を比較している。取引コスト経済学は基本的にはレバレッジ・バイアウトのようなコーポレート・ファイナンスに関係するが、広義にはコーポレート・ガバナンスにも関係するという。
(41) Berle, A. A. Jr., *The 20th Century Capitalist Revolution*, 1954.(桜井信行訳『二十世紀資本主義革命』東洋経済新報社、一九五八年、五二頁。)
(42) 正木久司・角野信夫『経営学―人と学説―バーリ』同文舘出版、一九八九年、八七―八八頁。
(43) Berle, *op. cit.*(桜井訳、前掲訳書、一四三頁。)
(44) *Ibid.*(同上訳書、一四四―一四五頁。)
(45) *Ibid.*(同上訳書、一五四頁。)
(46) *Ibid.*(同上訳書、一六〇―一六一頁。)

第五章　わが国におけるバーリ＝ミーンズ理論の継承

――日米の実証研究の展開とわが国の会社支配論争を中心に――

第一節　はじめに

バーリ＝ミーンズ『近代株式会社と私有財産』が画期的であった点は二つある。ひとつは株式会社制度・私有財産・資本主義全体を捉えた壮大な理論体系によって、ほとんど暗黙の前提とされていたこれらの制度・体制およびその概念の変質を問題提起する経営者革命論と株式会社革命論を提示したこと。そこでの新しい株式会社観は、伝統的な株式会社観と根本的に異なるものであった。今ひとつは、巨大株式会社の変容を象徴する経営者支配という現象を、理論と実証の両面から鋭く分析したこと。アメリカ最大二〇〇社の約半数が経営者企業であるとする彼らの結論は衝撃的であり、それ故、この研究を嚆矢とした会社支配論は、経営者支配の肯定・否定のそれぞれの立場から実証分析を重ね、アメリカでは一九八〇年代まで、日本においては平成に入ってからも調査研究がなされた。

本章では、実証研究の展開と会社支配の理論をめぐる論争の視点から、バーリ＝ミーンズ理論のわが国における継承を論じたい。実証研究は、単なる統計データの提示にとどまるものではない。調査手法の背後には理論的な根拠があり、調査結果からいかなる結論を導出するかについても、理論的な考察が不可欠とされる。アメリカと同じく、日本においても基本的にバーリ＝ミーンズの方法論が継承されたが、機関所有段階では、従来の分析手法の有効性が問われ、新たな方法論の展開が試みられた。そしてそれは、所有と支配の関係の新たな段階への移行を示唆するものでもあった。

以下においては、実証研究の方法の特徴と意義を述べ、次にアメリカにおけるバーリ＝ミーンズ理論の継承者と批判者の議論を整理をした上で、わが国の実証調査の系譜と会社支配論の論争を論じたい。とりわけ、アメリカとは異なり、わが国では機関所有段階に行われた調査のほとんどが、大企業の株式持ち合い構造のもとで経営者支配を認める結論を出しながら、支配の源泉をめぐっては激しい論争がなされ、しかもそれが体制論として展開されていた点に特色がある。(1)

第二節　会社支配論の方法

会社支配論の実証調査の考え方を理解する上で基本的な手法は二つ、バーリ＝ミーンズ調査（一九三二）の持株比率別分析と、アメリカ政府の設置によるＴＮＥＣ（臨時国民経済委員会）調査（一九四〇）の所有主体別分析である。以後の調査はこのいずれか、または両者の併用ないし発展型による。

一　調査対象

(1)　調査対象：大企業（資産額順）。会社支配論は「大企業の所有と支配」といわれるように、企業一般ではなく大企業を対象とする。大企業は数は少数でも、一国経済に巨大な影響力をもつ。企業規模の指標には、総資産額、資本金額、売上高、従業員数、市場占有率などがあるが、バーリ＝ミーンズ以来、資産額が選ばれている。他の指標では業種の特性から、大きな違いが生じる場合がある。

(2)　会社数：最大二〇〇社。バーリ＝ミーンズが資産額上位二〇〇社を調査対象とし、以後の調査もこれを踏襲した。①当時のアメリカでは上位二〇〇社が下位に比較して顕著に規模が大きく、富の集中がみられたこと、②調査結果の比較対照のため同じ社数が選ばれたことが、理由である。だが、対象社数によって調査結果は左右される。対象を少なくすれば経営者支配の比率は上がり、社数を増やして小規模企業が増えれば、所有者支配の比率が高まる。従って、対象を三〇〇社とした調査もある。また、バーリ＝ミーンズ当時に比べて、現在では二〇〇社の経済的な地位が相対的に低下しているとの指摘もある。とはいえ、これに替わる説得性をもった代替案はない。

(3)　産業会社と金融会社の峻別。従来は、銀行等の金融会社を除外した産業会社が対象とされてきた。①社会における事業活動の中心として産業用富を集中した産業会社の所有と支配が問題とされたこと。②産業会社が提供する財・サービスと、金融会社のそれとは質的に異なっていること。③資金調達の特殊性から、金融会社と産業会社を同一には扱えないこと、が理由である。

だが、その後、①反経営者支配説の有力な仮説として銀行等の金融資本支配説が提起されたこと、また、②戦後の機関所有化の進展の中で、銀行や保険会社等の金融会社が有力な大株主として登場してきたことから、金融会社そのものの所有と支配の調査研究も必要となった。

二　調査手法

会社支配の実証分析の手法は、いずれも「所有分析」により「誰が大企業の支配者であるかを解明」(支配分析)することを目的に考案されてきた。その背後には一定の理論的な裏付けがある。

(一)　持株比率別分析と所有主体別分析

(1)　持株比率別分析

「株式所有の集中―分散」をメルクマールとした持株比率別分析は、実証研究の最も基本的な考えを示しており、バーリ＝ミーンズによって開発されて以来、ほとんどの調査で採用された。ここでは、特定の大株主に株式集中していれば所有者支配（dominant な大株主として会社を支配)、株式分散なら、dominant な大株主不在の非所有者支配＝経営者支配とみなされる。「大規模化→株式分散→経営者支配」がその基本的な考えであり、持株比率によって支配範疇が設定される。図表5―1の①～④が所有者支配であり、⑤の判定基準は二〇％とされた。①→②→④→⑤は歴史的な発展過程を示しており、企業の大規模化のプロセスそのものでもある。株式所有しなければ支配できないはずの株式会社において、経営者支配という非所有者支配の範疇を設けた点に、この手法の特徴があり、所有分析を通じて初めて経営者支配を導出した意義は大きい。

図表 5-1　会社支配論の分析手法(1) ～持株比率分析と所有主体別分析の特徴

	持株比率分析	所有主体別分析
採用調査	バーリ＝ミーンズ，1932 年	TNEC，1940 年
調査項目	株式の集中－分散	所有主体，（集中－分散）
支配範疇	① 完全所有支配 ② 過半数所有支配 ③ 法的支配 ④ 少数所有支配 ⑤ 経営者支配	a．単一家族支配 b．複数家族支配 c．家族・会社複合支配 d．単一会社支配 e．複数会社支配 f．支配的利害集団なきもの
特　　徴	株式の集中分散を見て， 株式集中／dominantな大株主が支配／所有者支配 株式分散／株主といえど支配できない／経営者支配（非所有者支配）	(1) dominantな大株主が支配者となる (2)株主として個人（家族）と会社を問題とし，誰が大株主かを明らかにすることで支配者を判定 (3)分析結果の評価は二分 ①経営者支配否定派…支配者となる大株主の存在を暗黙のうちに前提 ②経営者支配肯定派…「支配的利害集団なきもの」を経営者支配と判定
意　　義	所有分析を通して初めて「所有に基づかない支配」（＝経営者支配）を導き出した分析手法	機関（法人）が大株主として登場するに至り，誰が大株主かの分析（＝所有主体分析）が不可欠となった。機関所有の動向を析出するのに有効な分析手法

出所：勝部伸夫『コーポレート・ガバナンス論序説―会社支配論からコーポレート・ガバナンス論へ―』（文眞堂，2004 年）11 頁をもとに作成。

(2)　所有主体別分析

「誰が dominant な所有主体であるか」をメルクマールとする所有主体別分析は、持株比率別分析とともに多くの調査で用いられているが、両者は好対照をなしている。

ＴＮＥＣ調査では、株式会社には支配者となる dominant な大株主＝所有者が必ず存在することを前提とした上で、それが誰かを見ることにより支配者を判定する手法を採用した。dominant な所有主体としては、同族（単一家族・複数家族）と会社（単一会社・複数会社）が想定されており、これらはいずれも株式所有に基づく会社の支配者である。他方、前項の持株比率分析で「経営者支配」（非所有者支配）と分類されたものは、ここでは「支配的利害集団なきもの」とされる。dominant な大株主の存在を前提とする以上、経営者支配のカテゴリー自体が設定されることはないのである。

ＴＮＥＣ調査の持株比率基準はバーリ＝ミーンズ調査の二〇％より低い一〇％とされ、これ以上は少数所有支配に分類された。一〇％未満でも、利害集団が見いだせれば少数所有支配に分類された。故に、ここでの「支配的利害集団なきもの」は、バーリ＝ミーンズの経営者支配より少なく析出されることとなる。所有主体別分析には、機関所有化の析出という更に重要な今日的意義がある（次項）。

（二）調査手法の有効性と限界

以上のような所有分析をそのまま支配分析とした手法が、会社支配論の実証調査の基本である。だが大企業の機関所有化により、新たな論点の登場と、方法上の課題が生じることとなる。

機関所有化の進展そのものは、所有主体別分析によって明らかになった。dominant な大株主を析出する過程で、金融会社や産業会社、公機関などの機関株主が、一九六〇年代頃から大企業の主要な所有主体として浮上してきたのである。個人所有段階では株式の集中―分散の動向を把握することが重要であったが、機関所有段階では、誰が大株主か（個人か、機関か、いかなる機関か）の所有主体別分析の必要性が増すことになる。これにより会社支配論の研究そのものも新たな局面を迎え、機関所有のもとでの支配者は誰かの解明が新たな課題とされるに至る。同時に、従来の分析手法に疑問符が付されることとなる。会社支配論の分析対象である株式会社は、所有＝支配を原則とする制度である。従って、所有分析＝支配分析とする手法が可能であり、実際に個人所有段階では、持株比率別分析と所有主体別分析は支配分析の手法として有効であった。だが、機関所有段階では、所有分析の結果をそのまま支配分析としたのでは、実態と結論がそぐわない事態が生じた。即ち、機関所有段階では、所有分析＝支配分析という方法自体の有効性が問われるようになったのであり、所有構造の新段階に合った新たな手法の開発が求められる必要性が生じたのである（第四節）。

第三節　アメリカにおける会社支配論の展開

一　経営者支配説の系譜

図表5－2は、正木久司教授によるアメリカ会社支配論の系譜である。バーリ＝ミーンズ以前には、二〇世紀初頭の株式会社支配に関するプジョー報告書、制度学派の祖ヴェブレンの技術者革命論やブルッキングスの産業所有制論等が会社支配論の前史としてあった。そして『近代株式会社と私有財産』が経営者革命と株式会社革命を問題提起した後は、①経営者支配説を支持する研究者と、これを批判する②議会筋・政府機関の報告書、③マルクス経済学者・体制批判の社会学者との間で、多彩な議論が展開された。そこでの議論の中心は経営者支配が成立しているか否かであり、個人所有段階では所有者支配か経営者支配か、機関所有段階では金融資本支配か経営者支配か、が争われた。

バーリ＝ミーンズ調査はアメリカ巨大株式会社二〇〇社の四四％が経営者支配であることを示したが、彼らの株式分散論は所有者の後退＝非所有者支配は示せても、経営者支配の積極的な説明にはならない。所有者でない経営者がなぜ支配者となるのか、経営者は現代大企業でいかなる機能を担っ

図表 5-2　アメリカ株式会社支配論の系譜

	議会筋・政府機関	制度学派	マルクス主義者，その他 （経営者支配批判）
	プジョー委員会 (1913)	ヴェブレン（1921） ブルッキングス（1925）	
個人所有の段階	国家資源委員会(1939) 臨時国民経済委員会 (TNEC)(1940)	バーリ＝ミーンズ(1932) バーナム（1941） ゴードン（1954） バーリ（1954）	ロチェスター『アメリカの支配者』(1935) ランドバーグ『アメリカの 60 家族』(1937) 労働調査協会『現代の独占資本』(1950) ライト・ミルズ『パワー・エリート』(1956) パーロ『最高の金融帝国』(1957) バディシュ『人民資本主義』(1958)
機関所有の段階	パットマン委員会 (1968) 証券取引委員会 『機関投資家調査』 (1971) メトカーフ委員会(1978) リビコフ委員会(1980)	バーリ（1959） ハーブレヒト（1959） ラーナー（1966） ガルブレイス（1967） ブランバーグ（1975） ドラッカー 『見えざる革命』(1976) ハーマン（1981）	ドン・ビリャレッホ『会社の所有と支配』(1961) コルコ『アメリカの富と権力』(1962) バウム＝スタイル『サイレント・パートナー』(1965) スウィージー『独占資本』(1966) ドムホフ『アメリカを支配するもの』(1967) チェバリア『アメリカ大会社の支配問題』(1969) フィッチ＝オッペンハイマー 『誰が会社を支配するか』(1970) バーチ『アメリカ大会社の家族支配』(1972) コッツ『アメリカ大会社の銀行支配』(1982) L. シルク＝M. シルク 『アメリカン・エスタブリッシュメント』(1982)

出所：正木久司『株式会社支配論の展開［アメリカ編］』（文眞堂，1983 年）10 頁をもとに作成。

ているかの論理が必要である。個人所有段階の一九五〇年代以前では、バーリ＝ミーンズとは違う視点と概念からバーナムが経営者革命論を主張した。また、第四章でも取り上げたゴードンは、所有者支配の優勢を報告したTNEC調査データを再検討して、その分析に疑義を呈するとともに、ビジネスリーダーシップ論を展開して経営者支配説を擁護した。機関所有段階でのガルブレイス、チャンドラー、ドラッカーらの大企業論は、独自の視点から二〇世紀の企業変容を問題提起しており、現代大企業を株主の私的致富手段と捉えない株式会社革命論の系譜と位置づけられる。彼らは、バーリ＝ミーンズの提起した準公的会社としての新しい株式会社論を具体的に展開したのである。他方、実証調査では、バーリ＝ミーンズとほぼ同じ手法によるラー

図表 5-3　アメリカ大企業 200 社における支配状況：個人所有段階（1929・1964）（持株比率別分析）

	バーリ＝ミーンズ調査（1929 年）		ラーナー調査（1964 年）		最大 200 社のウェイト（アメリカ経済に占める）（1929 年）
	社　数	比　率	社　数	比　率	
完全所有支配	12	6%	0	0%	社数で　0.07%
過半数所有支配	10	5	5	2.5	国富の　22%
少数所有支配	$46\frac{1}{2}$ ＊	23	18	9	事業用富の　38%
法的手段による支配	41	21	8	4	株式会社の富　49.2%
経営者支配	$88\frac{1}{2}$ ＊	44	169	84.5	＊原典のまま
管財人の手中にあるもの	2	1			

出所：三戸・池内・勝部『企業論（第 3 版）』（有斐閣，2012 年）より作成。

ナー調査（一九六四年）が八四・五％の経営者支配を析出し、アメリカにおける経営者革命の完了を宣言した（図表5－3）。

二　反経営者支配説の系譜

（一）議会筋・政府機関の報告書とマルクス主義経済学者／体制批判の社会学者

アメリカにおいて、経営者支配説に反して、大企業が所有者支配であることを主張したのが政府・議会筋である。アメリカは市場における自由主義経済を基本とする国であり、少数の企業の市場支配に強く反対する。従って、金融力集中や独占を告発・排除する立場から、議会筋・政府機関の調査報告書が提出されることとなった。TNEC調査、パットマン委員会調査、メトカーフ委員会調査がそれであり、これらは一貫して所有者による大企業の支配を強調し、警告した。TNEC調査が、株式会社における dominant な大株主の存在を前提とし、所有に基づかない支配（経営者支配）のカテゴリー設定がない調査手法を採用したことは、前節で述べたとおりである。[2]

他方で、アメリカにおいて、反経営者支配説の中心となってきたのはマルクス経済学者のグループである。[3] 彼らの反論の根拠は二つある。①資本主義社会の二つの大きな柱は私有財産制度と市場経済である。とりわけ前者を根拠に少数の資本家階級が私腹を肥やしてきた。企業もまた資本家にとっての私有財産である。企業が生み出す利潤を資本家が独占的に獲得できる理由は、彼らが企業という財産の所有者だからである。即ち、資本主義の社会なら私的所有の論理が貫徹しているはずであり、従って、株式会社における支配は必ず所有に基づくものでなければならない。こうした資本主義観に立脚する限り、株式会社の中でも最大の独占体である大企業を所有し支配するのは資本家＝大株主である。②資本主義社会における社会的矛盾の根源を私有財産制の中に見出し、これを廃絶して社会的所有に変えることによって、資本家による搾取と抑圧のない社会を展望するマルクス主義者にとって、所有に基づかない支配＝経営者支配という仮説は、資本主義企業・資本主義社会をまったく理解していない誤った主張ということになる。さらにアメリカでは、ライト・ミルズのパワー・エリート論のような社会学者による反経営者支配の論調もみられた。

（二）反経営者支配説の代表的議論

反経営者支配説の具体的な主張は、①大株主支配説、②金融資本支配説、③株式分散停止説、[4] ④法人支配説としてまとめられる。①は資本家（家族）による所有支配説である。富裕な家族あるいは資本家が会社を所有し支配しているという議論であり、アメリカでは、ランドバーグやバーチなどが主張した。日本でも会社を支配する資本家が必ずいると主張する議論が多くみられた。②金融資本支配説は、少数の銀行が株式所有・融資・人的結合＝重役兼任制を通じて産業会社を支配するという主張であり、個人所有段階ではロチェスター、パーロ、機関所有段階ではコッツやフィッチ＝オッペンハイマーがあげられる。[5] わが国でも、金融資本支配説は盛んに論じられた。なお、①〜④は支配主体が個人、銀行、法人と主張に違いはあるが、共通して支配の基礎を私的所有（株式所有）に求めており、この点で経営者支配説と真っ向から対立する。また企業把握としては、資本の論理・所有の論理に立脚し、大企業を独占体として批判する企業観を打ち出している。

アメリカでは、金融支配の主張に対して、ブランバーグやハーマンが機関所有の比重の増大にもかかわらず、米国大企業の支配状況は経営者支配であるとの批判を展開した。特に巨大会社二〇〇社の独自の調査を行ったハーマンは、機関所有段階の経営者支配の存立を主張した。[6] ただし、彼の「制約された経営者支配」説は、必ずしもバーリ＝ミーンズを支持するものではない。

第四節　わが国における会社支配論の展開①——実証調査の系譜——

一　わが国における実証調査と所有状況の変遷

わが国における実証研究は、戦前のバーリ＝ミーンズ調査直後の西野調査・増地調査に始まり、ほぼ七〇年以上にわたって数多くの調査が行われ、独自の手法の開発という点でも注目される。

図表5－4は、わが国の実証調査を分析手法の観点から整理したものである。これらの調査から明らかにされた日本大企業の所有と支配の状況は、①戦前の個人所有から戦後の機関所有へという

図表 5-4　会社支配論の分析手法(2) ～わが国における実証分析の系譜

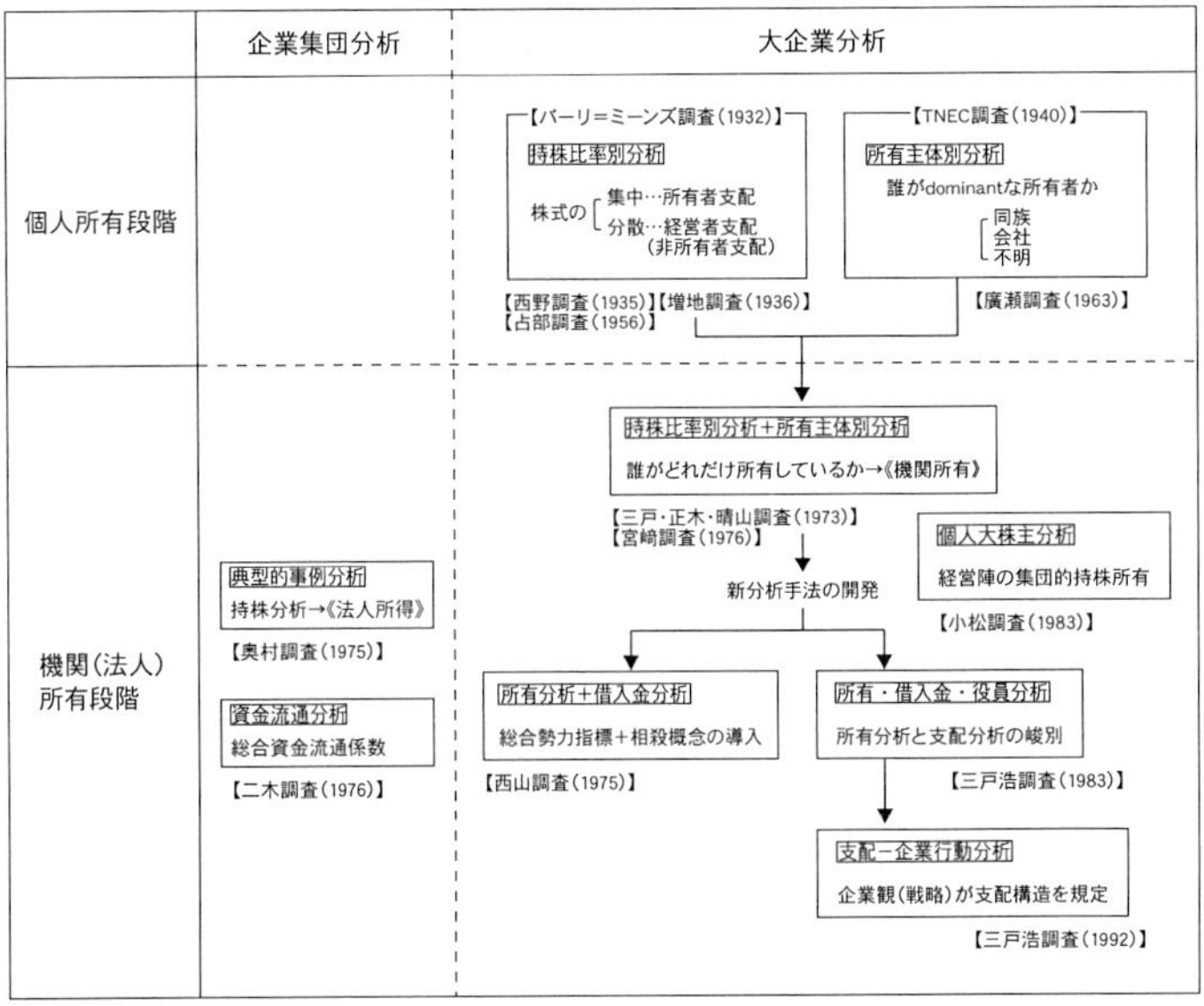

出所：勝部伸夫『コーポレート・ガバナンス論序説―会社支配論からコーポレート・ガバナンス論へ―』（文眞堂，2004年）12頁をもとに作成。

所有構造の転換と、および②個人所有段階で成立した経営者支配が、機関所有段階でもほぼ共通の認識とされていることである。だが、③機関所有段階では、経営者支配の源泉や企業把握・社会把握をめぐっての論争が起こるとともに、個人所有段階で妥当とされていた所有分析の有効性が問われ、新たな手法の開発が試みられた。これらは現代企業・現代社会の変容を示唆するものである。なお、わが国でもマルクス主義からの経営者支配説批判の流れがあるが、ここでは特に（言及）していない（第三節第二項参照）。

(1)【戦前】（持株比率別分析：西野調査、増地調査）

財閥など家族所有を中心とする所有

者支配が圧倒的であり、公共事業などの分野では経営者支配が登場しているものの、全般的には「所有に基づく支配」が優勢であった。西野調査・増地調査はバーリ＝ミーンズ調査から間もない時期にほぼ同手法の調査を実施し、戦前のわが国に経営者支配がすでに成立していたことを明らかにした意義はあるが、全体としては家族所有が中心だったのである。(7)

(2)【戦後①（一九五〇年代まで）：個人所有段階】（持株比率分析：占部調査、所有主体別分析：廣瀬調査）

財閥解体をはじめとする経済民主化の諸改革がその後の日本の企業社会の発展を方向づける一方で、経済白書（一九五六）が「もはや戦後ではない」と宣言するなど、経済復興がみられた戦後の大転換の時期を対象とした調査である。財閥解体を契機に一気に経営者支配化が拡大し、所有者支配は大きく減少した。バーリ＝ミーンズの「規模の拡大→株式分散→経営者支配」という命題は、日本では「財閥解体→上からの強制的な株式分散→経営者支配」として現象したのである。(8)

(3)【戦後②（一九六〇年代以降）：機関所有段階】（持株比率別分析＋所有主体別分析：三戸・正木・晴山調査、宮崎調査）

高度経済成長へと進み、今日の企業体制の基本的な部分が形成された一九六〇年代以降になると、大企業の所有構造の急速な機関化により、「株式分散→経営者支配」という構図では会社支配を捉えられなくなった。機関所有の増大は、具体的には「複数会社所有」＝株式相互持ち合いの増加である。こうした調査結果に対して、宮崎調査はデータ通りに経営者支配の減少・所有者支配の増大と結

図表 5-5　日本大企業の支配的所有者の推移（1936 ～ 96 年）［三戸浩調査］

支配的所有者（最大株主）		1936	1956	1966	1976	1986	1996
同　族	同族所有	34.5%	7.5%	9.5%	11.0%	10.0%	11.0%
親会社	単一会社所有	25.5%	5.0%	12.5%	12.0%	17.0%	15.5%
安定株主	複数会社所有	5.0%	16.0%	28.5%	48.5%	41.5%	38.0%
	公機関ほか	1.0%	0.0%	2.0%	3.5%	2.0%	2.5%
	支配的所有者ナシ	34.0%	71.5%	47.5%	25.0%	29.5%	33.0%
	小計	40.0%	88.0%	78.0%	77.0%	73.0%	73.5%
合計		100.0%	100.0%	100.0%	100.0%	100.0%	100.0%

出所：三戸・池内・勝部『企業論（第 3 版）』（有斐閣，2012 年）より作成。

論づけ、三戸・正木・晴山調査は、調査結果をそのまま結論とせず、機関所有のもとでの経営者支配と把握した。ほぼ同じ調査結果に対して、対照的な結論とされたのである。方法論上の一貫性からは宮崎調査であるが、実態の把握としては三戸・正木・晴山調査の結論が妥当と受け止められている。(9)

(4)【機関所有の進展】（所有分析＋借入金分析：西山調査、所有・債権・役員分析：三戸浩調査、典型的事例分析：奥村調査、資金流通分析：二木調査、個人大株主分析：小松調査）

二度のオイルショックを経験し、日本が経済大国となったこの時期において、複数会社所有（相互持合）と支配的所有者ナシ（株式分散）はともに増加し、他方、同族所有（家族所有）も一〇％台を保持している（図表5―5）。一九六〇年代の三戸・正木・晴山調査と宮崎調査で結論が分かれた機関所有の分析がさらに進められ、最終的には機関所有のもとでの支配形態は経営者支配であることが確認された。機関所有の進展にともない、従来の調査手法の有効性が問われ、新たな手法の開発が試みられた。同時に、機関所有と経営者支配を結ぶ論理をめぐる論争が展開された。(10)

(5)【現在：バブル崩壊後】(支配―企業行動分析：三戸浩調査)

バブル崩壊から一〇年以上たち、戦後急速に進んだ企業間の株式持ち合い構造が少しずつ崩れているという、かつてない大きな変化が生じている。従来の日本企業の所有構造が根本的に転換するような状況ではないが、それでも銀行等による持ち合い解消が株価低迷の原因と指摘される。わが国の世界的優良企業を中心とした外国人株主の増加など、所有構造に注目すべき変化が起きている。(11)

二　所有分析の限界と新たな調査方法の開発

以上のように、会社支配論は、巨大株式会社に大株主が存在するか、それは誰かという所有分析によって支配分析を行ってきた。そしてそれは、株式会社制度が所有＝支配を原則とする以上、当然であった。だが、機関所有段階では、ともに機関所有の集中を示した調査結果から、相反する結論が導出されたことからも分かるように、調査結果＝結論とするのではなく、データをどのように評価するかで結論の有効性が問われるようになった。所有の持つ意味を、個人と機関で同一にみることが、会社支配の実態に適合しなくなったのであり、こうした事態に対処すべく、従来の方法論とは異なった考えによる新たな手法の開発が促された。その例が、総合勢力指標により所有の相殺を行う西山調査や、所有分析と支配分析の峻別の上で所有・借入金・役員の重層的な分析を行った三戸浩調査である。三戸浩調査の次の段階では、企業観(戦略)と支配構造の関係が問題とされた。くり返し述べているように実証調査の手法には理論的な裏づけがあり、その根底には所有や支配をいかに捉えるかを規定する基本的な企業把握・社会把握の枠組みがある。かくしてわれわれは現代日本の所有・支配、企業・社会をいかに捉えるかをめぐる代表的な理論と論争を検討することになる。

第五節　わが国における会社支配論の展開②——会社支配論の論争——

一　会社支配の諸理論

前節でみたように、戦後日本ではいったん分散化した株式が再び機関に集中化してきた。「株式分散→経営者支配化」の論理に立てば、機関への株式集中により、再び所有者支配に戻ると考えられるが、機関所有のもとでの支配者は経営者というのが、現在の共通の認識である。それでは、なぜ機関所有の集中化のもとで経営者は支配者となりうるのか。ここではわが国の代表的な学説である奥村宏＝法人資本主義論、西山忠範＝脱資本主義論、三戸公＝組織社会論の三つを取り上げ、機関所有化の状況における会社支配をどのように論じているか見ることにしよう。

（一）奥村宏《法人資本主義論》

戦後のわが国大企業の所有構造の変遷を、自然人所有から法人所有へと把握したのは奥村宏教授である。[12] ここでの自然人・法人は法律用語であり、法人とは人間以外で権利義務の主体になるものをいう。法人を機関といいかえることを奥村教授は認めない。日本を法人所有、アメリカを機関投資家所有と区別するからである。法人所有の企業は、経営者支配である。だがこの「経営者支配」は経営者支配論者が主張するような所有に基づかない支配ではない。経営者が支配権を握れるのは法人所有に基づいているからこそである、と主張するのが奥村理論の特徴である。

それでは、経営者が法人所有のもとで支配者となるのはなぜか。ここで独自の相互信認論が展開される。日本大企業は企業集団を中心に株式相互持合構造をとっている。株式会社では所有は必ず支配に結びつく。企業間の相互持合は即ち相互所有であり、そのまま相互支配になる。つまり株式を持ち合う企業同士が、互いに相手企業を株式所有により支配するのである。だが、企業は互いに支配権を行使して相手の経営者を更迭しないよう、相互に相手の経営者を信認せざるを得ない。従って、相互信認することで各企業の経営者は自社支配できる。即ち「相互持合→相互所有→相互支配→相互信認→経営者支配」の論理により、経営者が法人所有に立脚して支配者となった、と奥村教授は結論づける。経営者は、自社の相手企業に対する株式所有に基づいて、自社支配しているのである。

自然人所有から法人所有に移行し、これに立脚して経営者が支配者となっている社会は、法人資本主義と把握される。法人資本主義は、法人である会社のみが肥大化して人間を押さえつけ、あらゆるものが「企業中心」「会社本位」となった、法人の、法人による、法人のための社会である。自然人中心の資本主義から法人資本主義へ、資本主義はより高度化したのであり、日米にはその進展度の違いが認められ、日本の方がアメリカよりも高度な法人資本主義になっていると奥村教授は主張する。

（二）西山忠範《脱資本主義論》

「日本は資本主義ではない」というセンセーショナルな表現で注目を集めたのは、西山忠範教授である。[13] 日本は脱資本主義の社会であり、世界で最も進んでいる社会である。そして、いずれアメリカやソ連（当時）も、日本と同じく脱資本主義の社会になるであろうと、西山教授は予言した。日本を脱資本主義とする主張がなされるのは、資本主義企業では通常見られない現象がわが国の株式会社でみられるからである。公認会計士制度や取締役会が機能しない、ＴＯＢが行われない、総会屋がいる、はその一例である。こうした現象が起こるのはすでに日本の株式会社制度が崩壊し、資本主義ではないからであるが、より根本的には資本の論理・所有の論理が利かなくなっていると捉えられる。

大企業において資本家は没落し、かわって企業がお互いに大株主となる相互持合となっている。奥村教授とは対照的に、西山教授はこの持合を所有とみなさない。持合はそれに相当する額の資本がないことから、相殺すべきである。即ち企業間の持合は、相殺による所有の意義の喪失であり、相互に支配力は持たないということである。「相互所有→相殺→経営者支配」という相殺論が、経営者支配成立の根拠である。資本家にかわり内部出身の経営者支配になっているということは、所有の論理が通用していないということであり、経営者は所有ではなく占有によって会社を支配していると把握される。資本家が没落したわが国大企業は、平社員から社長まで全員が労働者であり、企業は従業員共同体になっている。社団性を喪失したわが国大企業は、財団と労働者集団の複合体である。

(三) 三戸公《組織社会論》

個人所有と機関所有の決定的な違いを強調し、従来の私的所有―社会的所有パラダイム（財産パラダイム）にかえて、個人所有―機関所有パラダイム（組織パラダイム）を提唱したのは三戸公教授である(14)。かつてマルクス主義の歴史観では、資本主義社会から社会主義社会への移行が展望されたが、むしろ、現代は財産中心社会から組織中心社会へ移行している、との認識を三戸教授は主張する。

財産中心社会は、いかなる財産を所有するかが社会的地位・機能・所得を決定する社会である。資本家は、資本の所有により会社を支配する。支配の基礎は資本という財産所有である。能力があっても、労働力しか持たない労働者は会社の支配者となれない。財産所有こそが決定的なのである。

だが、企業の大規模化とともに、個人にかわって機関＝制度が所有者として登場する。機関が企業の所有主体となった社会を組織中心社会という。機関とは制度であり、社会に必要な財・サービスを提供する長期持続的な組織体である。機関はその限りで社会的に存在が認知されており、人体にたとえれば、各種の器官に相当する。巨大な機関＝制度＝器官の維持・存続のために、それ自体の意思決定機関＝器官としてのマネジメントがあり、その職位に適格と認められた人間が経営者としてマネジメント機能を遂行する。マネジメント機能の遂行こそが支配である。組織中心社会ではいかなる組織に属し、どの職位を占めるかで、各人の社会的地位・機能が決定される。財産がなくても能力があれば、機関＝制度の支配者になれるのであり、その能力を証明するのは一般的には学歴である。従って、現代は組織社会であり、機関所有化した大企業においては、経営者が地位と能力に基づいて支配者になっているのである。『財産の終焉』という書名が示しているように、財産所有はすでに支配と結びつかなくなっている。現代社会における財産所有から地位・能力への支配源泉の移行を論じる三戸教授の組織社会論は、企業・社会を把握するパラダイム転換を問題提起した点に意義がある。

図表 5-6　わが国の代表的な会社支配の議論

	奥村　宏	西山忠範	三戸　公
所有状況	法人所有	（相殺）	機関所有
支配状況	経営者支配	経営者支配	経営者支配
支配の源泉	所有	占有	地位・能力
企業把握	会社本位	従業員共同体	機関＝制度＝器官
社会把握	法人資本主義	脱資本主義	組織中心社会

出所：勝部伸夫『コーポレート・ガバナンス論序説―会社支配論からコーポレート・ガバナンス論へ―』（文眞堂，2004 年）より作成。

以上、三者の主張をまとめたのが図表5－6である。かつて会社支配論においては、経営者支配成立の認否が議論の中心であったが、今日では、経営者が自ら意思決定を行い、大企業を実際に運営していることは動かしようのない事実として、すでに学者も含めて一般の共通の認識になっている。むしろ問題は、所有（機関所有）と支配（経営者支配）を結ぶ論理であり、支配源泉の如何である。これについて異なった見解をもつ奥村教授・西山教授・三戸教授は、現代企業把握・社会把握においても三者三様であり、ここに激しい論争が展開されることとなる。

二　会社支配の論争

わが国会社支配論の代表的な論争として、西山・奥村論争[15]と奥村・三戸論争[16]があげられる。脱資本主義 vs 法人資本主義、占有 vs 所有など、最初から多くの対立点があるため激しい論争が展開された西山・奥村論争の最大の争点は、日本企業に特有な株式相互持ち合い構造と経営者支配をいかなる論理で結びつけるかであった。具体的には、相互持合を所有の相殺とみるか（西山）、相互所有とみるか（奥村）であり、その結果、経営者支配の源泉は、前者に立てば占有、後者なら所有（法人所有）に求められることになる。だが、西山理論の相殺説では、なぜ会社同士が持ち合っているかを積極的に説明できず、奥村理論では所有を経営者支配に結びつける相互信認論が無意味な概念であり、しかも最初に経営者の自社支配がなければ成立しない点に理論的な欠陥がある。株式会社形態ではない生命保険会社がわが国大企業の圧倒的所有者である事実も、相殺論や相互信認論では説明できない。

他方、奥村・三戸論争は、現代大企業の根幹にある所有をどう捉えるかが争点とされた。法人所有と機関所有は用語として似ていても、概念そのものは異なっており、どちらをとるかで現代企業・社会の把握はまったく違ったものとなる。つまり、この論争は概念論争である以上にパラダイム論争だったのである。日米の所有構造の違いを意識し、これを資本主義の発展段階の差違として法人資本主義論を展開した奥村教授は伝統的な財産パラダイムに立つ。これに対して、三戸教授は、現代日本（およびアメリカ）の企業・社会の現状を財産パラダイムのもとで資本主義と把握するか、組織パラダイムにより組織中心社会と捉えるべきかのパラダイム転換を提起した。後者に立てば、現代は財産中心社会から組織中心社会へと移行していると把握され、その限りで日米の相違よりも、組織社会としての共通性が強調される。それどころか、前者に立てば決定的に異なる日本と旧ソ連の社会体制も、後者の組織パラダイムでは、多元的機関所有vs一元的機関所有、多元的官僚制vs一元的官僚制など段階的な違いと把握される。資本主義vs社会主義の対比も、搾取・抑圧vs自由・平等ではなく効率性の問題となる。これは後年のソ連邦崩壊を理解する重要な視点となる。現代社会においては組織と管理の問題こそが中心になっていることを考えれば、組織論アプローチが必要であり、組織パラダイムで迫る必要があることが、この論争を通じて明らかになったといってよい。

なお、三戸浩教授は組織パラダイムを積極的に評価し、現代社会を組織中心社会とする把握を妥当とした上で、その歴史認識に未来展望が欠けているのは何故かを問い、その理由として、所有分析から社会把握を行う方法論の問題をあげている。現代を所有中心社会（財産中心社会）ではないと把握することから、私的所有―社会的所有パラダイムを捨てるという理解は生まれる。だが、個人所有―機関所有という把握は、実は所有パラダイム（財産パラダイム）によるものであって、過去から現在を見ることはできても、現在から未来は見通せないというのが、三戸浩教授の主張である。そして、自らは組織パラダイムにかえて制度パラダイムを提起している(17)。

以上、現代大企業における経営者支配を認めながら、支配源泉ないし所有と支配の論理について対立する三者の論争が、同時に法人資本主義論・脱資本主義論・組織社会論をめぐる体制論として展開されたことは、わが国でのバーリ＝ミーンズ理論継承の大きな特色のひとつである。そもそも戦後日本の社会科学においては、資本主義 vs 社会主義という社会体制が重要な問題として議論されてきた歴史があり、その中で「大企業の所有と支配」論と当初いわれていた会社支配論は、現代企業・社会把握の根幹と位置づけられていた。こうした問題関心が、八〇年代以降になると資本主義社会の変容や経済体制の問題として議論されたのである。経営者革命論のみならず、株式会社革命論として提起されたバーリ＝ミーンズの問題と、現代経営学の関わりは第六章で論じられよう。

第六節　おわりに——実証調査と論争の意義——

以上、会社支配論の実証調査の系譜と論争を中心に、わが国におけるバーリ＝ミーンズ理論の継承をみてきた。最後にこれらの意義を列記してみよう。

(1) 会社支配の実証調査は、所有分析＝支配分析の方法論により実施された。中でも持株比率別分析は、所有分析により初めて所有に基づかない経営者支配を析出し、巨大株式会社における支配構造の変化という二〇世紀の企業変容を象徴する新たな現実を明らかにした。

(2) この手法により、戦前の日本では所有者支配が優勢ながら、経営者支配企業も存在しており、戦後は、財閥解体という上からの強制的な株式分散による急速な経営者支配化が明らかにされた。（アメリカではバーリ＝ミーンズの「企業の大規模化→株式分散→経営者支配」が妥当。）

(3) 他方、所有主体別分析は機関所有の進展という所有構造の新たな動向を析出した。わが国大企業では、高度経済成長期以降、株式相互持合（安定株主）を中心とする機関所有化が進展した。

(4) 個人所有から機関所有への移行に伴い、企業・社会における所有の意義も変化する。所有分析＝支配分析とする方法論の有効性も問われ、機関所有段階に適した新手法が開発された。

(5) わが国では、経営者が機関所有（株式相互持合構造）化した大企業の支配者である点で、認識が一致している。（機関所有段階のアメリカでは、経営者支配か金融資本支配かが争われた。）

(6) しかし、経営者支配の源泉など、所有（機関所有）と支配（経営者支配）の論理については見解の一致をみず、激しい会社支配論争が展開された。（西山・奥村論争、奥村・三戸論争。）

(7) わが国の会社支配論争は体制論としての性格を併せもった点に特色がある。現代社会や経済体制の変容がその根底にあり、ここにパラダイム転換が求められる。

以上から導かれる次の二点についても、われわれは強調したい。

(8) バーリ＝ミーンズ理論や、ガルブレイス、チャンドラー、ドラッカーらの大企業論、そしてわが国の会社支配論争が示しているのは、現代大企業がもはや株主の私的致富手段と捉えることができない社会的制度になったことである（株式会社革命）。こうした大企業が決定的制度となる現代社会も、従来と同一の社会原理により動いているとみるべきではない。所有の意味ひとつとっても、一九世紀までの社会とは異なり、これを支配の源泉とすることはできない。

(9) 現代のコーポレート・ガバナンス論にはこうした視点が不可欠である。それは企業論・公企業論、経営者論、ＣＳＲ論の豊かな展開にも同様である。

(10) 株主主権論に立つコーポレート・ガバナンス論に限ってみても、綿密な所有主体の分析により、現代の「株主とは誰か」を明らかにした上で、議論に臨む必要があろう。

所有分析を基礎に、支配の主体や源泉、企業の性格を論じてきたわが国会社支配論の右のような成果は、まさにバーリ＝ミーンズ理論の継承・発展といってよい。(7)(8)に示したように、八〇年代には法人資本主義論、脱資本主義論、組織社会論が提起され、資本主義社会の変容をめぐる論争がなされたが、ここでは誰が支配者か（経営者支配か否か）は直接の論点とならず、社会把握の如何が体制論として争われたのである。旧パラダイムの法人所有も、日米の体制比較を意図した概念であった。

大規模な資本集中と永続的運用を可能とする巨大株式会社の成立により、二〇世紀の企業の性格・構造、役割・機能は大きく変容し、従来の企業観では論じ得ない実態が生まれた。こうした変化に注目し論じたのが、本書の主題であるバーリ＝ミーンズであり、ガルブレイス、チャンドラー、ドラッカーらの大企業論であり、わが国の会社支配論争であった。だが、それらの成果は現在、一般の認識になっていない。それどころか、株主回帰のコーポレート・ガバナンスなど、二一世紀の巨大企業に対し、一九世紀的な企業観・資本主義観に基づく企業行動を求める主張も、なお多い。それらの危険性は、リーマン・ショックや東電福島原発事故をみれば明白であろう。とりわけ後者は、準公的会社としての大企業に課せられた重大な役割責任・結果責任に対する株主の主権者としての限界を明示した。積極的財産の論理と消極的財産の論理の衝突と、後者の担い手としてのヘッジファンドの登場も事態を深刻化する。われわれはこうした問題意識をもちながら、本書の最後となる第六章に進み、バーリ＝ミーンズの経営者革命論と株式会社革命論の現代的意義を論じることとしよう。

（池内　秀己）

注

（1）本節の内容は、勝部伸夫『コーポレート・ガバナンス論序説—会社支配論からコーポレート・ガバナンス論へ—』文眞堂、二〇〇四年。正木久司『株式会社支配論の展開［アメリカ編］』文眞堂、一九八三年に多くを負うている。また、正木久司・角野信夫『経営学—人と学説—バーリ』同文舘出版、一九八九年。三戸浩「パラダイム転換と新しい会社支配論—昭和61年、平成3年の所有状況—」『横浜経営研究』第一三巻第三号、一九九二年。「日本大企業の所有構造の変容：平成3年の所有状況を中心として」同上第一四巻第一号、一九九三年。「会社支配論と企業統治論」同上第一九巻第二号、一九九八年。今西宏次『株式会社の権力とコーポレート・ガバナンス—アメリカにおける議論の展開を中心として—』文眞堂、二〇〇六年も利用した。

（2）TNEC報告書は、二〇〇社中一三九社（六九・五％）が所有者支配企業という調査結果をまとめた。

（3）わが国においてもマルクス主義の研究者が経営者支配批判の中心であった。本節はアメリカにおける会社支配論の展開を主題としているが、便宜上、わが国のマルクス主義者の議論も含めて論じることとする。

（4）三戸公「バーリ＝ミーンズ『会社革命論』批判」『アメリカ経営思想批判』未来社、一九六六年。

（5）メトカーフ調査：主要会社一二二社（非金融会社八八社、金融会社三四社）中、家族支配一〇％、金融支配四〇％、その他五〇％。コッツ調査：二〇〇社中、金融支配三九％、所有者支配二一・五％、残りは支配中枢が明らかでないもの。

（6）ハーマン調査：二〇〇社中八二・五％が経営者支配、所有者支配一四・五％、金融支配・政府支配ともに〇・五％。

（7）経営者支配企業は西野調査三七・五％、増地調査三三・〇％、三戸・正木・晴山調査（一九三六年データ）四一・〇％。所有者支配の中身は、三戸・正木・晴山調査が示すように家族支配が五一・五％。西野嘉一郎『近代株式会社論』森山書店、一九三五年。増地庸治郎『わが国株式会社に於ける株式分散と支配』同文舘出版、一九三六年。三戸公・正木久司・晴山英夫『大企業における所有と支配』未来社、一九七三年。

（8）三戸・正木・晴山調査（一九三六・一九五六年データ）において、家族支配五一・五％→一四・〇％、経営者支配四一・〇％→六六・〇％。三戸・正木・晴山、同上書。占部都美『経営者』ダイヤモンド社、一九五六年。廣瀬雄一『株式会社支配の構造』日本評論社、一九六三年。

(9) 三戸・正木・晴山調査(一九五六・一九六六年データ)において、経営者支配六六・〇%→六〇・〇%、複数会社所有二〇・〇%→二五・五%。三戸・正木・晴山、前掲書。宮崎義一『戦後日本の企業集団』日本経済新聞社、一九七六年。「『経営者支配』再考」『経済評論』第三〇巻第三号、一九七九年。

(10) 奥村宏『法人資本主義の構造』日本評論社、一九七五年。西山忠範『現代の支配構造』有斐閣、一九七五年。二木雄策『現代日本の企業集団―大企業分析を目指して―』東洋経済新報社、一九七六年。小松章『企業の論理―社会科学としての経営学』三嶺書房、一九八三年。三戸浩『日本大企業の所有構造』文眞堂、一九八三年。

(11) 三戸浩、前掲「パラダイム転換と新しい会社支配論―昭和61年、平成3年の所有状況―」。

(12) 奥村宏、前掲『法人資本主義の構造』。『日本の株式会社』東洋経済新報社、一九八六年。

(13) 西山忠範、前掲『支配構造論』。『日本は資本主義ではない』三笠書房、一九八一年。

(14) 三戸公『財産の終焉』文眞堂、一九八三年。

(15) 西山・奥村論争関連文献は次の通りである。奥村宏『日本の六大企業集団』ダイヤモンド社、一九七六年。「企業集団についての覚書」、「『所有論』ノート」、「会社と株主の関係」以上『証券経済』一三二・一三五・一三八号、一九八〇・一九八一年。「法人資本主義とは何か―西山忠範氏への反批判(上)(下)」『経済評論』一九八三年一月、二月号。西山忠範「法人資本主義批判―富森虔児氏と奥村宏への反論」『武蔵大学論集』二六巻五・六号(のちに前掲『支配構造論』所収)。「溺者の藁か、法人資本主義論―奥村宏氏と柴垣和夫への反論―(上)(下)」『経済評論』一九八二年一〇月、一一月号(のちに前掲『脱資本主義分析』文眞堂、一九八三年に所収)。「法人資本主義論の虚妄―奥村宏氏と富森虔児氏への再反論」『経済評論』一九八三年一二月号。

(16) 奥村・三戸論争関連文献は次の通りである。三戸公「個人所有・機関所有パラダイムの意義」前掲『財産の終焉』。「個人所有・機関所有パラダイムの意義―奥村宏氏の書評に応える」、「用語と事実―いま一度だけ、奥村宏氏へ」以上『経済評論』一九八三年六月号、一九八四年四月号。奥村宏「『財産の終焉』書評」『エコノミスト』一九八三年二月八日号。「法人所有と機関所有―三戸公氏への反論」、「論争以前―三戸公氏への反論」『経済評論』一九八三年九月号、一九八四年七月号。

(17) 三戸浩、前掲「パラダイム転換と新しい会社支配論―昭和61年、平成3年の所有状況―」。

第六章　バーリ＝ミーンズ理論の今日的意義

第一節　経営者支配論とその今日的意義

一　バーリ＝ミーンズ以降の会社支配をめぐる研究の展開

アメリカを代表する巨大株式会社の約半数が経営者支配企業だとするバーリ＝ミーンズの研究は衝撃的であった。この研究を起点として、巨大株式会社の「所有と支配」の問題は注目され、経営者支配に対する肯定、否定のそれぞれの立場から盛んに研究が行われた。アメリカに限らず日本やその他の国でも、彼らの実証分析とその手法は継承発展されていったのである。

ところでバーリ＝ミーンズ以降の会社支配をめぐる研究は、個人所有段階と機関所有段階の二つに分けることができる。まず前者の個人所有段階であるが、これは所有主体が主に個人だということである。個人株主間での株式分散を前提とするバーリ＝ミーンズの研究も、この個人所有段階のものである。そして彼らの手法をそのまま踏襲した一九六六年のラーナー（R. J. Larner）の調査では経営者支配企業は八三・五％にのぼり、「経営者革命の完了」が宣言された。またその一方で、所有者支配企業が相変わらず優勢であることを示す政府系の機関による研究も見られた。一九四〇年のTNEC（臨時国民経済委員会）報告書がそれである。

しかし、二〇世紀の後半になるとアメリカをはじめとする先進各国では、所有構造が個人所有から機関所有へと大きく転換する。個人に代わって機関が株式所有比率を急速に伸張させてきたのである。機関所有とは組織体による所有であり、アメリカでは年金基金、投資信託、保険、商業銀行信託部などの機関投資家（institutional investor）が中心となっている。ただし、同じ機関所有と言っても、例えば日本では事業会社や銀行などの金融機関が中心であり、日米では状況は異なる。また、ドラッカー（P. F. Drucker）は労働者が年金基金の出資者であり、その年金が企業の株主になっていることから、その著『見えざる革命』においてアメリカは年金基金社会主義になっていると論じた。

さて、アメリカにおける機関所有化の進展と会社支配の関連は、一九六八年のパットマン報告書、一九七八年のメトカーフ報告書などで詳しく分析された。こうした資料を用いた研究も見られ、銀行支配を主張するコッツ（D. M. Kotz）の実証研究（一九七八年）などはその代表的なものと言えよう。またこれらとは別に家族支配を主張するバーチ（P. H. Burch）の実証研究（一九七二年）などもある。こうした調査は何れも所有者支配を主張するものであるのに対し、ハーマン（E. S. Herman）の実証研究（一九八一年）では経営者支配（究極的支配）が八二・五％、資産額の比率では八五・四％という圧倒的な数字が示された。これをもって実証研究レベルでは経営者支配に最終的な軍配が上がったとする評価もあるが、必ずしもそうとは言えない。注意しなければならないのは、ハーマンのそれは「制約された経営者支配」（constraind managemennt control）という独自の概念だということである。[1] 経営者は確かに支配者ではあるのだがそれは利潤動機に大きく制約されたものだという。つまりバーリ＝ミーンズのいう「純粋に中立的なテクノクラシー」とは異なるものである。何れにしろ、バーリ＝ミーンズ以降の会社支配論の実証研究では、常に経営者支配をめぐってそれを肯定するものと否定するものとが交錯してきた。しかし、こうした実証研究はアメリカでは八〇年代以降、ほとんど見られなくなってしまった。

バーリもまた、『二十世紀資本主義革命』以降の著作では所有の機関化を視野に入れ、それが会社支配・会社権力にどう影響しているのかを論じている。なおその際、彼は株式会社における資本の源泉が外部源泉から内部源泉へと大きく変化したこと、即ち会社の資金調達は内部留保と減価償却引当金が大きな部分を占めるようになったことを指摘し、かつてのように株主に大きく依存せずとも自ら資本を形成できるようになったことを強調している。これは、株主からの影響をほとんど受けなくてもすむようになったという主張である。

では、機関所有と会社支配はどういう関係になるのであろうか。バーリは言う。「普通株の制度的所有者は彼等があつめた株式の投票権を利用せず、また利用することを欲しないという命題については十分な証拠がある。彼等は機能を集中するために集合しない。概して彼等は委任闘争に入らない。彼等はほとんど常に経営の候補者のためにかれらの株式を投票する。彼等が所有する会社の管理者を本気で好まない場合彼らの証券は売却されてしまう」[2]。つまり大株主として登場した年金基金などの機関投資家は議決権の積極的な行使を望まず、もし当該企業の経営が気に入らない場合は保有する株式を売却してしまう、いわゆる「ウオール・ストリート・ルール」に従うというのであった。

しかし、その後のアメリカの動向を見ると、必ずしもバーリの予言通りになったとは言えないであろう。一九七四年のＥＲＩＳＡ法（従業員退職所得保障法）は年金運用者に受託者責任を求めたし、一九八八年の「エイボンレター」は機関投資家の議決権行使の義務化を打ち出した。機関投資家は大量の株式を保有し、それを売却することは多額の損失を招くことにつながるため、現実的対応として彼等はEXIT（退出）ではなくVOICE（発言）即ち株主として経営の方向に影響を与える行動を選択するようになった。これは株主行動主義といわれるものである。また、八〇年代には株価が低迷する企業を中心に敵対的買収が猛威を振るったし、九〇年代には業績不振の責任を追及されて有力企業の経営者が更迭されるという事態も起こった。コーポレート・ガバナンス論が隆盛を極め、株主反革命（株主の復権）→株主第一主義という流れがアメリカ社会で大きな位置を占めるようになった。

バーリ＝ミーンズの研究以降、常に経営者支配の肯定論と否定論が繰り返されながらも経営者支配がほぼ承認されたかの感があった。しかし、機関所有の進展、そして株主の復権、株主重視のガバナンス論がアメリカを中心に勢力をもつにつれ、経営者支配という言葉もアメリカではほとんど使われなくなってしまった。しかしこれをもって経営者支配の終焉とは決して言えないであろう。

二　経済体制論としての経営者支配論

バーリ＝ミーンズ理論が問いかけたもう一つの大きなテーマは、この社会は一体どういう社会なのかという問題である。彼等は『近代株式会社と私有財産』の日本語版への序文で次のように述べている。「この本が出版されてからの二五年間における進歩は、合衆国における二〇世紀企業の新形式と特質とを確立した。それは、もはや、一九世紀での『私的』"Private" 資本主義の制度ではない。また、それは、もはや、社会主義企業の制度でもない。また、レーニンのいう独占資本主義の諸性格を示すものでもない。これは、或る新しいものであって、『集産的資本主義』"collective capitalism" の制度と呼んでもよいであろう(3)」。この「集産的資本主義」とは少数の巨大企業を中心に集産化されてはいるが、社会主義とは異なり非国家的な組織体によって生産と分配が遂行されていることを指す。そしてアメリカはこの社会体制のもとで経済的な豊かさと個人の自由の両方を同時に達成しつつあり、それはかつての「私的資本主義」とはまったく異なるものだと彼らは言うのである。

周知の通り一九世紀に生きたマルクスは、一握りの資本家が富を独占する一方で、貧しい者がますます貧しくなる窮乏化に資本主義社会の矛盾を見た。そしてその根幹には私有財産制度があると考え、資本家が私的に所有する生産手段を社会的所有に変えることによって、「貧困、搾取、抑圧、戦争の資本主義」から「自由、平等、繁栄、平和の社会主義」へと歴史を展望した。ところが打倒すべきはずの悪しき資本主義、しかもその総本山であるアメリカにおいて、「独占資本」である巨大株式会社では今や「所有と支配が分離」し、専門経営者支配になっているという。つまり私有財産といってもその機能は分裂してしまい、かつてのような権力の源泉ではすでになくなったしまったというのである。こうしたバーリ＝ミーンズの主張は資本主義体制に批判的なマルクス派の学者には到底受け入れられず、猛烈な反発を受けることになった。即ち資本主義の本質はまったく変わっておらず、「所有と支配の分離」など絶対にあり得ないということである。バーリ＝ミーンズの経営者支配説に対する批判が繰り返し現れるのは、こうした考え方が根底にある。

はたして資本主義は変わったのか、変わったとすればどう変わったのか。あるいはその本質に何ら変化はないのか。第二次大戦後の世界は、アメリカを盟主とする資本主義陣営とソビエト連邦を盟主とする社会主義陣営に分かれて覇を争うことになるが、この問題は〈資本主義対社会主義〉という社会体制の問題として議論されてきた側面がある。とりわけ日本における経営者支配論の議論にはその側面が濃厚にあった。一九八〇年代には法人資本主義論、脱資本主義論などが提起され、社会の変容、経済体制をめぐって激しい論争が展開された。

しかし、一九九一年には社会主義大国・ソビエト連邦が崩壊し、これにともないアメリカによる一国主義の時代が始まることになる。そして、これまでの〈資本主義対社会主義〉という社会・経済体制の問題は、今度は〈資本主義対資本主義〉の問題として改めてクローズ・アップされることになる。アメリカの資本主義をどう評価し位置づければよいのか。アメリカは資本主義のグローバル・スタンダードたり得るのか。日本やその他の国の資本主義の独自性は何か。バーリ＝ミーンズが問うた問題は、新たな資本主義体制論へと引き継がれていったと言えよう。

三　財産の変革と経営者支配の正当性

バーリ＝ミーンズの『近代株式会社と私有財産』はその書名の通り、株式会社が財産に対して持つ関係を解明することを意図したものであった。そして結論から先に言えば、近代株式会社において伝統的な財産の概念は分裂してしまったのである。彼らは言う。「近代株式会社を取り扱う場合に、われわれは旧式な私有財産を取り扱っているわけではないということは明らかである。……準公的会社を取り扱う限りに於いて、財産についての二形態、つまり、その大部分が別個の掌中にある積極的、消極的の二財産形態でなされねばならないのである[4]」ここで積極財産（active property）とは工場、機械、設備などを指し、それは生産的用途に充てられる。消極財産（passive property）とは株式、社債などを指し、それは請求権であり、いつでも換金可能な富である。伝統的に財産とは本来、これら二つの属性が統合されたものであった。しかし、準公的会社（quasi-public corporation）が登場することで、それらは分裂してしまった。つまり株主は自分たちの財産を機能させるという積極的な役割を放棄した代わりに、非常に流動的で新しい財産を手にした。そして国家はそうした富の流動性維持のために表舞台に登場することになった。違う言い方をすれば、株主は非常に便利ではあるが消極的な役割しか果たさない財産を手に入れる代わりに、財産をどう運用するかという決定権は会社経営者に譲り渡してしまったということである。したがって、バーリは「いったい、かかる財産のどのような特質をもって『私的』といえるのであろうか[5]」と述べている。

ここで強調しておかねばならないのは、バーリ＝ミーンズの経営者支配論というのは、実はこの財産の変革論とセットで見なければならないということである。株式分散→経営者支配と単純に把握していたわけではなく、それは財産の変革の上に成立する現象と捉えるべきである。この点は、正当性の問題を考える上でも重要である。

そもそも資本主義社会は私有財産制度を基礎にしており、それは財産所有に正当性を置く社会である。したがって、株式会社では会社財産の所有者である株主こそがその支配者となるべきであり、またその支配には正当性があると一般的には考えられている。この論理に従えば、所有に基づかない支配＝経営者支配には正当性はないことになる。この問題は繰り返し取り上げられてきたのであるが、大方の見方は、かつてのドラッカーの議論に代表されるように経営者支配に正当性はなく、それは非正当な権力だということになる。しかし、バーリ＝ミーンズの財産の変革論からいえば、経営者支配には正当性はあり得るのである。もう少し正確に言えば、経営者支配だからといって直ちに非正当な権力だとは見なされないということである。それは何故か。バーリが『財産なき支配』で論じているように、経済権力に求められているのは社会に必要な財・サービスを提供することであり、またそのために雇用や財の調達を調整していくことである。そういう機能を果たすことで権力の正当性は獲得される。換言すれば、積極財産を正しく機能させるところに正当性の根拠がある。逆に、経営者が私腹を肥やしたり暴走したりすれば、勿論そこには正当性はない。したがって、正当性の問題とは、積極財産をどのようにして社会的に機能させることができるかという観点で見ていくべきなのである。つまり企業の社会的使命をきちんと果たすということである。

このように考えると、今日のガバナンス論で強力に主張されている株主主権論にはたして支配の正当性はあるのかという疑問も出てくる。株主を所有者と見てよいのか、所有者とはそもそも何かという問題である。勿論、法制度の問題を無視してこの議論は出来ないが、バーリ＝ミーンズの主張には改めて耳を傾けるべき重要な論点が含まれているように思える。

四　経営者支配論の意義

バーリ＝ミーンズの経営者支配論はこの間、多くの追随者を生んできた。バーナム、ゴードン、ガルブレイス、ドラッカー、チャンドラーたちである。いわばバーリ＝ミーンズの後継者ということであるが、言うまでもなく彼らは単に経営者支配か否かを論じてきたわけではない。彼らが明らかにしてきたのは経営者論であり、現代株式会社論である。とりわけ重要なのは、彼らがヴェブレンを源流とする制度学派の流れを継承し、バーリ＝ミーンズによって提起された社会的制度体としての「新しい株式会社」論をより具体的に、しかも内容豊かに論じたことである。これらは制度派経営学のまさに財産と言ってよかろう。

ところが現実の方は株主回帰の流れが大きくなり、しかも過度な株主重視の経営は強欲資本主義を生み、最終的にはリーマンショックとなって世界経済を大混乱に陥れる結果になった。今やっとそうしたことへの反省が語られるようになってきた。経営学史研究の意義は時流に流されず、問題を冷静に捉え分析していく視点を提供することであろう。そういう意味では、ガバナンス研究においてバーリ＝ミーンズの学問的業績の位置と意味をもう一度、見つめ直すことの意義は決して少なくないと思われる。

（勝部　伸夫）

第二節　株式会社革命論——現代企業論の基礎——

バーリ＝ミーンズ『近代株式会社と私有財産』は、株式会社制度・私有財産・資本主義全体をとらえた壮大な理論体系を持ち、そこから「経営者革命」論と「株式会社革命」論という結論をわれわれに提示した。そしてこの結論は、意識されていようが意識されていまいが、その後株式会社論（大企業の所有と支配論、コーポレート・ガバナンス論など）を超えて企業論、経営者論、資本主義論に受け継がれ、議論されてきたことを前章までに見てきた。

本節においては、前節の「経営者革命」論の基礎となった「株式会社革命」論が、どのように現代企業論に関わっているかについて、以下の四点に絞って述べていきたい。

① 『近代株式会社と私有財産』は、主に大企業の所有と支配論およびその（後継者たる）コーポレート・ガバナンス論で議論されてきた。まずこのコーポレート・ガバナンス論を中心に検討する。

② 次に、コーポレート・ガバナンス論と密接な関係があるステーク・ホルダー論 stake holder を、

③ そしてコーポレート・ガバナンス論より早くから議論されてはいたが、近年急速に企業活動に取り込まれた企業の社会的責任論 corporate social responsibility を、

④ 最後に、八〇年代からの主要課題であった公企業論（公企業の民営化）と、近年関心を集めだしてきた社会的企業論 social enterprise についてふれることにする。

（以上の四点以外に、コモンズ、ガルブレイス、ドラッカー、チャンドラーなどという「大企業論」の流れがあろう。現代大企業を株主の私的致富手段と捉えない株式会社革命論の「系譜」ではあるが、本章は「現代的意義」を論ずることを目的とする。第四章の方で確認していただきたい。）

一 「株式会社革命」論とコーポレート・ガバナンス論

バーリ＝ミーンズ『近代株式会社と私有財産』は、コーポレート・ガバナンス論の嚆矢として確たる地位を占めているだけでなく、「経営者支配」論の基礎となる「株式会社革命（「近代株式会社」化がもたらした諸変革の総体）」論であり、現在論じられているようなコーポレート・ガバナンス問題における主要論点のほとんどを射程に収める壮大な論理体系をもつ。

まず、「株式会社革命」論の最大のインパクトは、株式会社制度・私有財産・資本主義という、暗黙の前提となっているような制度、体制、およびその概念の変質を明らかにしたことにある。現代社会の資本主義は、コーポレート・ガバナンス論が暗黙の前提としている、「私有財産制にもとづく資

本主義社会において株式会社は株主のもの（であるべき）」という「常識」は当てはまらなくなっているのである（ドラッカーも、初期においては経営者支配を「非正当な権力」と論じていた）。

コーポレート・ガバナンス論における混乱や論争不在の原因は、問題設定・基本的な概念用具・理論体系を備えた基礎理論の欠如にあったと言えよう。「株式会社革命」論に立てば、コーポレート・ガバナンス問題とは何であり、どのように問題設定されるべきかは次のようになる。

①「近代株式会社」の成立によって私有財産が解体され、積極的財産と消極的財産という新しい財産が誕生した。

②これにより、広範に富を集積されることが技術的に可能となり、株式会社制度に経済力が集中されていったのである。これが、巨大な「会社権力」の誕生であった。

③取締役会に支配が集中された「近代株式会社」において、その会社権力は、少数の支配者集団に握られることになる。ここに、「支配権力」が誕生したのである。

④「近代株式会社」の成立による、この巨大な会社権力と支配権力という二重の権力集中がコーポレート・ガバナンス問題の根底にある。即ち、コーポレート・ガバナンスとは《株式会社権力と支配権力の統治》である。権力の統治の問題とは、いかにして会社権力と支配権力に正当性を付与するかということに他ならない。権力の正当性とは、権力に従うことを納得する論理である。したがって、正当な権力とは、その権力が受け入れられる論理の限りにおいて制限されるのである。

⑤「近代株式会社」とは「所有なき支配」を必然とする制度であり、特定の個人や集団のために運営されるべきとの根拠をもたないことから、「社会全体の利益のための企業」たるべく発展することと、株主のための証券市場における流動性の確保が、その存続の必須要件とする。これまでは「社会全体の利益のための企業」と証券市場における流動性の確保に一定の成功をおさめてきたために、コーポレート・ガバナンス問題が潜在化していたのである。

株式会社制度・私有財産・資本主義の変質をもたらした「株式会社革命」こそ、社会主義革命の防波堤であったと言えまいか。なぜ現実に資本主義諸国において社会主義革命が起こらなかったのか、それは大企業が資本家＝所有者の私的致富手段ではなくなった、つまり「株式会社革命」が起こったからではなかろうか。わが国における戦後の財閥解体によるサラリーマン経営者の台頭は、企業をして所有者のものから関係者全体のものに変えたのであり、その意味においてはこの「株式会社革命」は立派な社会主義革命であったと言えるであろう。先進国と呼ばれる国々においてマルキシズムは人々の心を捉えながらも実現化しなかった大きな理由は、まさにこの「株式会社革命」こそが資本主義社会の「矛盾を克服した」からであるという理解は十分に可能であろう。（わが国においても「大企業の所有と支配論」においては、「経営者支配論」は事実か否かではなく、経営者支配成立の根拠を巡って社会体制（法人資本主義か脱資本主義等々）が議論されていたのである。[6]）

現代資本主義（集産的資本主義）は、財産を一箇所に集中させて動かすことから、個人と私有財産主体の私的資本主義と比較して圧倒的な生産力の拡大をもたらし、そのための計画と統制の論理を内包する。このような現代資本主義の理解に立たず、「私有財産制にもとづく資本主義社会において株式会社は株主のもの」といい、自由放任、個人の財産権を守っていれば市場のメカニズムによって社会的な利益も最大化されるというのならば、公的資金の注入もいらず、ましてや日本銀行、財務省、アメリカのＦＲＢ（The Federal Reserve Board：連邦準備制度理事会）などによる金融政策、その他政府による介入や規制などはいらないはずであろう。しかし、現実にさまざまな公的機関による介入や規制なしにはわれわれの資本主義が成り立たないという事実一つとってみても、すでに現代社会の資本主義は一九世紀的な資本主義とは質的に異なるものであることは明らかなはずである[7]。

近年における企業不祥事の続発や業績低迷などは「社会全体の利益のための企業」の揺らぎをあらわすものであり、機関投資家の発達は集中された富が一括して消極的財産に投じられ、流動性を阻害することをもたらした。さらに、機関投資家の台頭は、これまで絶対であった会社権力に対抗し得る経済権力が誕生したことを意味している。『近代株式会社と私有財産』の当時においては、巨大株式会社にとって国家以外に恐るべきものは存在しなかった。積極的財産の経済権力たる巨大株式会社と、消極的財産の経済権力たる機関投資家が並立することによって、事業のための永続性・固定性という積極的財産の論理と、投資家のための流動性という消極的財産の論理が衝突しだしたのである。「株式会社革命」論の成果に立ったとき、なぜコーポレート・ガバナンス問題が発生したのか、なぜそれが近年になって論じられるようになったのかについて説明することができるのである。「会社は誰のものか」という問題設定自体が誤りであることが明らかになったのである。「近代株式会社」

は「誰のものでもない」のである。もはや、意味をもつ問いは、「会社は誰のものか」ではなく、「会社は誰のためにあるのか」ということであろう。

二 「株式会社革命」論とステークホルダー論

これまでステークホルダー論が理論的に株主主権論に対して圧倒的に弱かったのは、株主主権論が基本的によって立つ新自由主義に対抗できるだけの企業論・社会論の体系をもたなかったからである。そのため、「私有財産制にもとづく資本主義社会において株式会社は株主のもの」という「常識」を否定することができず、「ステークホルダーに配慮したほうが株主にとっても得である」というような議論しかなされてこなかった。「株式会社革命」論は新自由主義と匹敵する理論体系を提供し、なおかつそれがよって立つ私有財産という前提をも覆すものなのである。ステークホルダー論は、自覚されてはいないものの「株式会社革命」論を前提としているからこその主張のはずであろう。

かといって、「株式会社革命」論は株主の利益を否定しようというものではない。むしろ、株主を証券市場で流動性を求める投資家という現実の姿として明確に規定することによって、株主の利益を守ることにつながるのである。消極的財産と積極的財産はそれぞれ別個の論理で動かされるものであり、両者を混同することは「近代株式会社」体制を危険にさらすことになる。消極的財産の論理は株主のための流動性であり、積極的財産の論理は事業のための永続性・固定性である。ヘッジファンドなどによる敵対的買収がなぜこれほどまで大きな問題となるのかというと、消極的財産の論理で積極的財産を動かそうとする行為だからである。これは、積極的財産の論理と消極的財産の論理の衝突という問題としてみることができよう。それをどのような方向で解決していくのかは、その社会が「株式会社権力と支配権力」にいかなる論理で正当性を付与するのかにかかっている。財産を消極的財産と積極的財産とに分け、それを指導する論理を峻別することは、株主、従業員、さらに広く利害関係者全体（ステークホルダー）の利害を調整するために不可欠であると考えられる。

三　「株式会社革命」論と企業の社会的責任論、ビジネス・エシックス論

企業の社会的責任CSRは、自社のホームページではもちろんのこと、CSRレポートという形で積極的にアピールされるようになり、各社のCSR活動を評価するCSRランキングがいくつも発表されているほど企業の社会的責任は「当り前」のものとなった。だが、なぜ企業はCSR活動に取り組まねばならないのかについての議論は決着がついてはいないのではないか。ハイエクやフリードマンなどの企業は株主のものであり、企業の目的は利潤追求であり、経営者が勝手にその「職務」を超えて企業の利益を企業活動と無関係なところに使うのは誤っているという議論に対し、明確な反論がなされ、決着がついた上でCSRが正当化され、市民権を得ているとは言えないであろう。

CSR活動の理由付けとしては、大規模化による責任論や企業はステーク・ホルダーのものであり、彼らのためにCSRはなすべき活動であるというものがあるが、近年では、CSRが企業の評判

を、そして企業ブランド・企業評価・企業価値を上げることにつながり、それは株主にとってもステーク・ホルダーにとっても良いことである、という論理が主流になっている感がある。企業が株主の私有財産である限り、CSR活動は株主の了承のもとで、株主の利益に適う限り認められるものとなるが、このような「会社は誰のものか」の議論に立たない考え方は、「真に企業の社会的責任を考えるもの」であるだろうか。

バーリ＝ミーンズは、『近代株式会社と私有財産』において、私有財産を解体して巨大な経済力を集中させていく「近代株式会社」の台頭を問題とし、伝統的な財産権にもとづかない「近代株式会社」は、特定の集団（株主や経営者など）のために運営されるという根拠を何ら持たないため、

① 社会全体の利益をはかるように発展すべきである。

② しかしながら、それには「近代株式会社」が私有財産にもとづいた制度ではないことが社会一般に認知されること。

③ 支配者集団（経営者）が絶対的な権限をもっていることの自覚と彼らの良心や誠実、これらを保証する社会的義務の制度がつくられなければならない。

と述べたのであった。これはまさに、企業には社会的責任があり、経営者はそれにふさわしい倫理観を持て、ということではあろう。

ほとんどのコーポレート・ガバナンス論は株主（もしくはステーク・ホルダー）のために、どのように「経営者のチェック＆コントロール」をすればよいか、という議論となっている。こうした「経

営者のチェック&コントロール」という議論は、法制度による外部的な「経営者のチェック&コントロール」は可能である、という認識を基本的な前提としている。しかし、「誰のものでもない」制度である「近代株式会社」は、いったい、誰が、何にもとづき、いかなる基準によってチェック&コントロールすればよいのであろうか。それは他でもない、バーリが『近代株式会社と私有財産』においてその必要性を示唆し、『二十世紀資本主義革命』ではっきりと理論化された「経営者良心」を求める以外にはないではないか。

以上の議論は、次のことを含意する。即ち、われわれは、「経営者良心」を「近代株式会社」体制存続のための中核として位置づけ、法制度による他律的なガバナンスだけではなく自律的なガバナンス体制の確立を目指すべきことである。そのために重要な役割を果すのが、企業の社会的責任論、ビジネス・エシックス論などの領域であり、これこそ私有財産を解体して「所有なき支配」を必然とする「近代株式会社」の存在に正当性を付与する性格の議論である。「近代株式会社」の発展にともなって、これらの領域が問題とされ、議論されてきたのも当然であるといえるであろう(8)。

四 「株式会社革命」論と公企業論、社会的企業 social corporation

一九八〇年代から「公企業の民営化」のいう言葉のもと、三公社五現業や公社・公団(日本国有鉄道・日本電信電話公社・日本専売公社、郵政省、日本道路公団等々)が次々に民営化された。民主党政権になっても、規制緩和とともに民営化の流れは続いた。

そもそもなぜ「公企業」が作られたのか。近代社会において、鉄道・通信や郵便事業など公益事業は社会的インフラとして産業だけでなく生活にとって必要欠くべからざるものである。これら事業は、多額の資本を長期・安定的に確保せねばならず、提供される便益はできる限り安価であることが望ましい。株主のものである私企業にこれらの条件を満たすことは難しいが故に、公益事業体として公企業が必要とされたのであろう。だが、「株式会社革命」は静かに進行するがゆえに誰からも気づかれないとあるように、人々は近代株式会社が「所有者の私的致富手段から準公的会社に変わった」ことに意識せぬまま、いつの間にか当然、自明のことと思うようになっていた。だからこそ、公企業の「非効率性」だけの理由でその民営化に賛成したのである。郵政民営化の時は、郵便事業の公共性を巡って論議されたが、国鉄や電電公社などの民営化の時は「効率―非効率」以外の論議はほとんどなかったのではないだろうか。それは、「株式会社革命」が起こっていたからこそ、私企業に公益事業を任せることになんの疑問も持たなかったからであろう。

大企業の破綻に対し、「公的資金（税金）の注入」は当り前のようになっている（近いところでは日本航空）。たとえ大企業であろうと、私企業は「株主のもの」であるなら、公的資金の注入は筋が通らないはずなのに、「株主主権」がまかり通っているはずのアメリカでもビッグ・スリーに対して公的資金の注入が図られたのはなぜか。その答えも「株式会社革命、準公的会社化」が根底にあったからに他なるまい。バーリ＝ミーンズが喝破した「株式会社革命」論は世の多くの人の常識と化し、「公企業の民営化」や「大企業破綻の再建策」における大前提となっているのである。

企業が「所有者の財産であり、利潤追求をその目的とする」から、社会的性格を持つこと（公器であること）が当然となったとき、誕生してきたのが社会的企業である。環境、福祉、教育など、今ある社会的課題を事業化して、利潤を配当に回さず再投資するものであり、イギリスでは政府レベルで推進され、五万人以上の社会的企業家がいると聞いている。また、バングラデシュでマイクロファイナンスを行うグラミン銀行のような社会的事業 social business も注目され、テレビや書籍で取り上げられている。わが国でも、社会的企業や社会的事業に関心が集まるようになり、若者たちの就職先として関心を持たれたり、自ら起業しようという動きも見受けられるようになってきている。

以上述べてきたコーポレート・ガバナンス、ステーク・ホルダー、企業の社会的責任、ビジネス・エシックス、公企業論、企業再建問題などはすべて、バーリ＝ミーンズが提起した「株式会社革命論の正しさ」を証明するものではなかろうか。「株式会社革命」論は、人々からそれとは認識されないまま、「静かなる革命」として企業のあり方、経営のあり方を変えた。福祉事業は政府・行政の所管とされてきたが、「企業の社会化（社会的器官化）」の流れは、ついに社会的課題そのものを事業化する企業すら生み出すに至ったのである。

現代社会の豊かさ・自由は企業（株式会社）に依存していると言っても過言ではあるまい。だが、資源問題・環境問題をはじめとして、現代大企業はその巨大さ故に多くの課題を抱えている。コーポレート・ガバナンスやCSR等はみなバーリ＝ミーンズが問題とした企業権力と経営者権力の正当性と統御の問題であり、「企業と社会論 business and society」の問題に他なるまい。だが、コーポレート・ガバナンス論は「企業と社会論」とは別個に議論され、「企業と社会論」の中核的テーマたるCSR論はコーポレート・ガバナンス論とは関連付けて考えられてはいないようである。

企業に社会・自然との調和を求め、サステナビリティ（持続性）が重要視される現代社会においては、「企業と社会論」を根底に据えた「現代大企業論」こそが必要とされている。彼らの議論は、あらためて読み直され、批判検討され、発展させていくべきものであろう。

（三戸　浩・佐々木真光）

注

（1）今西宏次『株式会社の権力とコーポレート・ガバナンス―アメリカにおける議論の展開を中心として―』（文眞堂、二〇〇六年）を参照。

（2）Berle, A. A., *The Power without Property*, New York, Harcourt, Brace & World, Inc., 1959, p. 55.（加藤・関口・丸尾訳『財産なき支配』論争社、一九六〇年、八二頁。）

（3）Berle, A. A. and G. C. Means, *The Modern Corporation and Private Property*, New York, The Macmillan Company, 1932.（北島忠男訳『近代株式会社と私有財産』文雅堂銀行研究社、一九五八年、一頁。）

（4）*Ibid.*, p. 188.（北島訳、前掲訳書、四四〇頁。）

（5）Berle, A. A., *The American Economic Republic*, New York, Harcourt, Brace Jovanovichi, Inc., 1963, p. 35.（晴山英夫訳『財産と権力―アメリカ経済共和国―』文眞堂、一九八〇年、三八頁。）

（6）（7）この資本主義社会の変質に関する議論は、「大企業の所有と支配」論、即ち会社支配論ですでになされていたはずではないか。会社支配論は所有分析を基礎として、支配主体（所有者支配か経営者支配か）、支配の源泉、企業の性格などを議論としてきたが、何よりもそれは、「現代社会は資本主義か否か」の社会把握をめぐる問題であった。なぜそれが決定的な問題として議論されたのか。それは、当時において「資本主義から社会主義へ」という社会主義革命が現実的に存在し、それがために「現代社会は資本主義か否か」という社会把握をめぐって論争されたのである。そこでは、奥村宏の「法人資本主義」論、西山忠範の「脱資本主義」論、三戸公の「組織社会」論などに代表される社会把握をめぐる議論こそ、コーポレート・ガバナンス論は摂取せねばなるまい。

（8）「経営者のチェック&コントロール」やビジネス・エシックスという議論がでてくる背景には、いかに経営者を株主利益のために動かすかというような株主主権論による主張以外にも、それが必要とされるような現実―粉飾決算などの不正会計処理、その他様々な不祥事の隠蔽問題など―があることもまた一方の事実である。

（第二節の一、二は、佐々木真光の修士論文「バーリ＝ミーンズ「株式会社革命論」再考―コーポレート・ガバナンスの基礎理論を求めて―」の第三章の一部を三戸浩が加筆、修正したものである。）

あとがき

一　『近代株式会社と私有財産』とコーポレート・ガバナンス

「玉斧　今西宏次兄　一九八九年四月十一日　正木久司」。これは、筆者の記憶違いでなければ、筆者が大学院の博士課程（前期）に入学したちょうどその日に、恩師である故正木久司教授から恵贈された、出版されたばかりの正木久司・角野信夫著『経営学―人と学説―バーリ(1)』同文舘出版の〝見返し〟部分に書いていただいた言葉である。

わが国において、これまでバーリの研究や引用は数多くなされてきたが、バーリの名前がタイトルに入っている書物は、この経営学史学会の叢書『バーリ＝ミーンズ』が出版されるまでは同書だけであった。同書は、これまでは、わが国におけるバーリ研究として最もまとまったものであったといえる。そして、本叢書も同書の研究を踏襲し、より発展・充実させることを目指したものであるということができるであろう。とはいえ、同書のタイトルが『バーリ』であることからも分かるように、バーリ研究が中心であり、『近代株式会社と私有財産』についてもバーリの側から論じられているという点は否めない。ミーンズについては、「第Ⅲ部　バーリに続く人びと」の「第一章　G・C・

ミーンズ」として、一六頁分割り当てられているに過ぎないのである。

これは、第二章でも論じたように、「近代株式会社に関する研究プロジェクト」がバーリの発案でスタートし、また当時、ミーンズが大学院の修士課程を終えたばかりであったこともあって、『近代株式会社と私有財産』が完全にバーリのコントロール下で、バーリの考えに従って書かれたと暗黙の前提として了解されていたためであると思われる。しかし、実際には、ミーンズ独自の考えが明確に反映されており、「所有と支配の分離」という概念を考え出したのも、ミーンズだったのである。

筆者が『近代株式会社と私有財産』を初めて読んだのは、大学三年生の秋のことで、大学院受験のための英語の勉強の一環として、原書と翻訳書を対照させながら、第一編と第四編を読んだ。当時、筆者は、大学院では経営者支配の立場から会社支配論について研究しようと考えており、当該部分を読むことは、筆者が誰にも相談せず決定した。当時、筆者が読んだ部分は、ミーンズが中心となって執筆した部分と一致している。しかし、この一致は、今振り返ってみると偶然ではないように思われる。バーリ・ドット論争に関係するバーリの記述部分[2]を除けば、当時、経営者支配論者・所有者支配論者がともに取り上げていたのは、基本的にミーンズが中心となって執筆した部分だけであった、ということを意味していたのである。

バーリが『近代株式会社と私有財産』執筆の際、想定していたのは「所有と経営」の分離である。これに対して、ミーンズが主張したのは、「所有と支配」の分離であった。近年、コーポレート・ガバナンス論が盛んに論じられているが、株主中心のコーポレート・ガバナンスメカニズムを主張する株主第一位論者が同書を引用する場合は、バーリが執筆した部分、即ちバーリ・ドッド論争[3]においてバーリが主張した立場（会社権力は株主の利益のために用いられることで信託的権力たり得るとする株主信託モデル）で同書を参照・引用している。[4]今日『近代株式会社と私有財産』は、しばしばコーポレート・ガバナンス論の古典、それも株主第一位のグランドファーザーとして取り上げられるが、これは、同書の「株主信託モデル」の部分のみを見ているのである。株主第一位の立場からは、基本的に株主の利害を明確に反映したガバナンスメカニズムの形成が目指される。そして、これを実際の経営に適用すれば、株主のために利益を極大化するという目的に従った管理が目指されることになるのである。

これに対して、株主だけではなくさまざまな利害関係者を含むコーポレート・ガバナンスメカニズムを主張する利害関係者論者は、ミーンズが中心となって執筆した部分を参照・引用することになる。特に多く参照・引用される部分は、株式会社制度が存続し続けるためには経営者が社会全体の利益のために仕えるという方向に進展し、「経営者が純粋に中立的なテクノクラシー[5]」に発展することが必要不可欠であるとする部分である。

所有と支配の分離に伴う経営者支配の正当性の問題や、株式会社が巨大化し、強大な影響力を社会に与えるようになったことを重視する研究者は、多様な利害関係者の利害を含むガバナンスメカニズムの構築を目指すことになる。これを実際の経営に適用すれば、利潤追求以外にも多様な経営目的をもつことが可能となり、企業は積極的に社会的責任を果たすことが求められることになる。これは、コーポレート・ガバナンスの問題が議論される以前に、多く議論されていた経営者支配論者の主張とも重なっている。したがって、この立場から見れば、ミーンズが『近代株式会社と私有財産』に参加していなければ、経営学関連の文献において、同書がこれほど取り上げられることはなく、この経営学史学会の研究叢書『バーリ＝ミーンズ』が企画されることもなかったといえるのである。

『近代株式会社と私有財産』公刊後、約二〇年を隔てて、バーリは一九五四年に『二十世紀資本主義革命』[6]を、一九五九年には『財産なき権力』[7]を出版している。戦後、株式会社の大規模化やそれへの経済力の集中が一層進展したことにより、バーリは会社活動の社会的影響力の増大とその担い手たる会社経営者の社会性の増大を認識して、『二十世紀資本主義革命』では、大会社に集中する絶大な経済的権力を担う経営者の絶対的な権力は、もっぱら経営者の良心によって抑制されねばならないとする「会社良心（corporate conscienceness）」論を展開した。そして『財産なき権力』では、「権力保持の正当性は、根本的には社会的合意（public consensus）によって容認されるかどうかにかかっている」[8]とする「社会的合意」論を展開したのである。したがって、戦後のバーリは、バーリ・ドッド論争におけるドッドの立場へと変化したということができる。

しかし、誤解を恐れずにいえば、『近代株式会社と私有財産』は、バーリとミーンズというまったく別の主張をしている二人の二冊の著書が、一冊の著書に纏まっているといっても過言ではないのである。

（今西　宏次）

二　『近代株式会社と私有財産』をどう読むか

経営学を少しでも学んだことのある者にとっては、バーリ＝ミーンズは、〈経営学の父・テイラー〉や〈近代管理論の創始者・バーナード〉と同じくらいポピュラーな名前であろう。もしそれが少し言いすぎだとしても、バーリ＝ミーンズと言えば経営者支配論、逆に経営者支配論と言えばバーリ＝ミーンズと、この二つの単語はいつでもセットになって頭に浮かんでくるはずである。実際、わが国の経営学の教科書を見ると、株式会社の構造や機能を説明する箇所では必ずと言ってよいほどバーリ＝ミーンズの名前が頻繁に登場し、そこでは株式会社の大規模化によって株式が広く大衆に分散することで「所有と支配の分離」が起こり、所有者支配から経営者支配へと転換していくことが解説されている。つまり〈経営者支配論のバーリ＝ミーンズ〉というのが、経営学の学習者にとっては常識となっているのである。その彼らの名を一躍有名にした『近代株式会社と私有財産』は出版から早くも八〇年がたち、この分野では必読書として不動の地位を獲得し、今や古典と呼んでもおかしくない。

ところで唐突だが、本を読むというのは思った以上に難しい。古典であればなおさらそうかも知れない。その神髄に迫るべく繰り返し読むべきであるが、下手に知識があったりすると分かったつもりでさっさと読んでしまったりする。それだと表面的な理解、あるいは部分的な理解に留まってしまう。虚心坦懐に読むことをせず、自分が分かったようにしか読まない、あるいは関心をもった部分を中心に読んでそれで全体を読んだつもりになるからである。個人的な話で恐縮であるが、私自身がまさにそれであったと思う。院生時代に会社支配論を学んでいたのだが、バーリ＝ミーンズの『近代株式会社と私有財産』はいわばそのバイブルであった。この本によって、会社支配論の基本中の基本である経営者支配論、株式会社革命論を学んだ。しかし、最初からこうした観点で読む限り、『近代株式会社と私有財産』は会社支配論の本でしかなかった。つまりこの本の主張と意義を丸ごと理解したとは言えなかったのである。

それから随分時間が経ってコーポレート・ガバナンス論が盛んに議論されるようになり、ある時、バーリ＝ミーンズについて解説されている文章を読んで大きな違和感を覚えた。それは、株式会社における「所有と支配の分離」によって経営者が支配者になると、株主の不備につけ込んで非効率に経営する可能性がある、とバーリ＝ミーンズが主張しているという内容であった。つまり経営者は最大限の利潤追求を目指さずに株主の利益を犠牲にした経営をする可能性があるから、経営者のモラル・ハザードを防ぐ必要があり、適切なガバナンス体制を構築すべきだという結論になる。これはバーリ＝ミーンズの経営者支配論、しかも「第三の道」で打ち出した彼らの主張のいわば裏返しである。また別の論文では、さらに驚いたことにバーリが「株主第一主義の祖父」として位置づけられていた。これでは私が院生時代から馴染んできたバーリの主張とはまるで正反対である。こんな議論をされては困るとその時は思った。しかし、バーリ＝ミーンズに関するこのような理解がまったく荒唐無稽なものでないのも事実であった。確かにそう読むことはできるのである。

すでに本書でもいろいろな角度から論じられてきた通り、バーリ＝ミーンズの『近代株式会社と私有財産』はそれほど単純な本ではない。全四編のうちでも第一編、第四編と第二編、第三編では議論のスタンスが違っている。そのため、経営者支配論や社会的責任論が積極的に論じられる一方で、上述のように経営者のモラル・ハザードなどを問題とし、伝統的な法理論に則って経営者は株主の利益をために奉仕すべきだという議論も本書には含まれている。読者は一冊の本の中で明らかに矛盾する二つの思想に遭遇するという指摘にもつながるのであるが、(9) これは会社法学者バーリと経済学者ミーンズという専門分野の異なる二人が行った学際研究で、しかも両者の問題意識や認識に微妙に違いがあったからでもある。しかし、そういう問題はあるとしてもそれでこの本の価値が無くなったり薄まったりするわけでは決してない。むしろ逆であろう。この本は、株式会社の現実にしっかりと目を向けた深い問題意識をもち、それを展開していく上での多くの材料を提供し、そして今後の企業と社会のあり方を展望するという広い射程をもっているという意味で、極めて価値の高い本である。

そもそもバーリ＝ミーンズの『近代株式会社と私有財産』は二〇世紀に起こった「株式会社革命」を解き明かすという、社会・経済にかかわる壮大なテーマを掲げた本である。その根底にあるのが「財産の変革」という決定的な地殻変動であった。資本主義社会は伝統的に私有財産制を基礎にしてきたが、その概念はすでに分裂してしまっている。あまり目立たないのでほとんど注目されることはないが、しかし現在の巨大株式会社はこうした土台の大きな変化の上に聳え立っていることは間違いない。そして今や巨大組織体を動かすのは専門経営者となってきたのであるが、その会社権力は一体誰のためにどのように行使されるべきなのか。また実際に誰のために行使されているのか。会社は今でも株主の利潤追求の手段なのか。また会社を動かす経営者の権力に正当性はあるのか。さらにその強大な会社権力はどのように制御されるべきなのか。こうした問題は社会と個人にとっては決定的である。しかし、巨大株式会社に取って代わるような組織体は結局、今日まで現れることはなかった。だから、時計の針を一九一五年の昔に戻すわけにも行かないし、さりとてこの組織体が消滅することを今さら願うわけにも行かない。むしろこの巨大株式会社の存在そのものをまず認めるところから出発し、社会的に有益で抑制の利いた制度となるようにすべきだ、というのがバーリ＝ミーンズの主張であった(10)。

そうなるとこの本を経営者支配論の古典として読んでしまったのでは、問題をあまりに狭く捉えすぎることになる。会社支配論の鋭い分析を包含しながらも同時に、この本は今日のコーポレート・ガバナンス論の理論と実践を広く問うものとして理解すべきであろう。『近代株式会社と私有財産』はそれだけの射程をもっているのである。またそうであるからこそ議論すべき対象の広がりも経済・経営分野に限らず、法学、政治学そして社会学も含んだものになる。したがって、いまさらと言われるであろうが、バーリ＝ミーンズは「会社支配論からコーポレート・ガバナンス論へ」という流れの中で読まれ位置づけられなければならないということである。

さて、そうであればもう一度、『近代株式会社と私有財産』という本の位置と意味が問われねばならないであろう。バーリ＝ミーンズははたして株式会社のあるべき姿、その未来をどう展望していたのであろうか。またわれわれはそれをどう読み解けばよいのであろうか。確かに『近代株式会社と私有財産』は、ある部分だけを切り取ってみると経営者支配論の本としても読めたし、それとは正反対の株主主権論擁護の本としても読むことは可能であった。しかし、だからと言ってどう読んでも構わないということにはならないであろう。この本が全体として何を言っているのかを明確にしようとすれば、結局、むすびに当る第四編第四章「株式会社の新概念」（The New Concept of the Corporation）をどう読むかにかかっているように思われる。結論から言えば、バーリとミーンズは両者とも最終的に「第三の道」即ち今日の利害関係者モデルを支持していたと考えるのが妥当であろう。はたして執筆当時のバーリもそうだったのかという疑義も出てきそうであるが、『近代株式会社と私有財産』で実際に言いたかったことは最後の章に集約的に書かれていると彼自身が後に友人に語っている。(11) また本書でもすでに論じてきた通り、バーリ自身は決して「株主第一主義の祖父」ではなかったのである。(12) したがって、経営学史的にも、この本は制度派経営学の出発点にしっかり位置づけられ、「株式会社革命」を論じた著作として改めて評価される必要があろう。

最後に、経営学は今後、バーリ＝ミーンズをどう読み、どう活かしていくのか。「株式会社の新概念」はあくまで彼らの期待であり、予言であった。それを現実のものとするには今なおハードルは高い。それを肝に銘じて、現代株式会社の現実と対峙していかねばなるまい。

（勝部　伸夫）

注

（1）正木久司・角野信夫『経営学―人と学説―バーリ』同文舘出版、一九八九年。

（2）この点に関しては、本書の第三章を参照されたい。

（3）したがって、筆者は、今日のコーポレート・ガバナンス論争はバーリ・ドッド論争を嚆矢とすると考えている。この点に関しては、今西宏次『株式会社の権力とコーポレート・ガバナンス』（文眞堂、二〇〇六年）第一〇章を参照されたい。

（4）したがって、あえて「支配」という言葉を使用すれば、バーリは、あくまでも支配者は株主であるべきだと考えていたと思われる。バーリは、所有と経営が分離した状況下において、経営者は、株主のために会社を経営すべきだと考えたのである。

（5）Berle, A. A. and G. C. Means, *The Modern Corporation and Private Property*, New York, The Macmillan Company, 1932, p. 356.（北島忠男訳『近代株式会社と私有財産』文雅堂銀行研究社、一九五八年、四五〇頁。）

（6）Berle, A. A., *The 20th Century Capitalist Revolution*, New York, Harcourt, Brace and Company, 1954.（桜井信行訳『二十世紀資本主義革命』東洋経済新報社、一九五六年。）

（7）Berle, A. A., *Power without Property*, New York, Harcourt, Brace and Company, 1959.（加藤・関口・丸尾訳『財産なき支配』論争社、一九六〇年。）バーリの原著書名を直訳すれば、『財産なき権力』となるが、わが国では『財産なき支配』というタイトルで出版されている。ここでは、本来の書名を優先し、『財産なき権力』とした。

（8）*Ibid.*, p. 110.（同上訳書、一四七頁。）

（9）Bratton, W. W. and M. L. Wachter, "Tracking Berle's Footsteps: The Trail of The Modern Corporation's Last Chapter," *Seattle University Law Review*, Vol. 33, 2010, p. 849.

（10）Berle and Means, *op. cit.*, preface viii.（北島訳、前掲訳書、四―五頁。）
Berle, A. A., "Foreword," in E. S. Mason, ed., *The Corporation in Modern Society*, Cambridge, Harverd University Press, 1966, x.

（11）Schwarz, J. A., *Liberal: Adolf A. Berle and The Vision of An American Era*, New York, The Free Press, 1987,

p. 63.

(12) Bratton and Wachter, *op. cit.*, p. 850, p. 855.